그리스도인이 되고 난 후 가장 먼저 바뀌는 것은 삶의 목적입니다. 하나님께서 주신 사명대로 하나님께 영광 돌리는 삶을 어떻게 살까 고민하며 열심을 내지만 결국 내가 만들어 낸 왜곡된 영광을 쫓고 있는 나를 발견하게 됩니다. 그리스도인의 궁극적 목적인 하나님께 영광 돌리는 삶이란 무엇인가? 과연 영광의 주인은 누구신가? 이 책은 우리 안의 영광에 대한 오해들을 자각하게 하며, 신자라는 표면 아래 마음 속 깊은 곳에 은밀히 감춰두었던 진짜 중심을 찬찬히 그리고 솔직히 들여다보게 합니다.

　순수하고 완벽한 영광의 빛에 우리를 비춰 존재의 의미를 다시 밝힐 수 있기를 바랍니다.

박나리 자매

『사람은 무엇으로 사는가?』에서 톨스토이는 자신에게 무엇이 필요한지 알지 못하는 사람은 그들의 마음 속에 있는 사랑으로 살아간다고 말합니다. 인간은 끊임없이 무엇인가를 추구합니다. 그것이 인간이 살아가는 삶의 동기이고 이유입니다. 그러나 죄인 된 인간이 추구하는 것의 결국은 죄입니다. 이 책은 무엇을 위해, 무엇을 추구하며, 무엇으로 살아가야 하는지 고민하는, 하나님의 형상을 회복한 이 땅의 모든 그리스도인들에게 명쾌한 답을 줄 것입니다.

이윤옥 자매

죄인인 우리는 본능적으로 채우지 못할 웅덩이를 파는 자들입니다. 우리 스스로는 채울 수 없지만, 죄인의 모든 필요를 채우시는 충만하신 예수 그리스도만이 모든 결핍과 공허를 채우시며 우리의 눈을 헛된 것에서 돌이켜 생명의 근원되신 하나님께로 이끄십니다. 바로 그리스도의 인격과 사역에서 나타나는 그분의 영광에 도취(매료)됨으로써 말입니다. 이것은 우리의 삶과 동떨어진 그저 추상적인 말이 아닙니다. 오히려 피부에 와닿도록 실제적이고 현실적인 진리입니다. 우리는 이 진리를 배우기 위해 저자의 조언에 귀를 기울이고 스스로를 끊임없이 훈련해 나가야 할 것입니다(요 4:14, 골 2:2-3).

김예림 자매

저자 제프리 존슨은 『영광이 이끄는 삶』(*The Pursuit of Glory*) 안에 우리 모두가 어떤 것을 찾고 있다는 사실을 담고 있다. 그가 옳다. 모든 사람은 인생에서 의미 있고 가치 있는 어떤 것을 찾기 위한 여정 위에 있다. 우리는 무엇을 추구하고 있는가? 행복과 자유와 사귐과 진리인가? 이 책 안에서 발견하겠지만 이 추구의 핵심은 우리가 추구해 가고 있는 '그것'보다 더 크다는 것이다. 사실, '누구'를 찾는 것이 정말 중요하다. 만약 당신이 인생에 있어서 의미 있고 가치 있는 것을 진심으로 추구하고 있다면 이 책을 처음부터 끝까지 읽기 바란다. 이 책은 여러분을 이 땅에서의 여러분의 인생을 위한 목적과 앞으로 올 영원한 인생에 대한 소망을 주실 예수 그리스도, 하나님의 아들을 알아가는 가운데 영광을 찾도록 인도할 것이다.

랜스 퀸 Lance Quinn
Bethany Church 베다니교회 담임목사, 사우전드 오스크, 켈리포니아 제프리 존슨은 인생의 진짜 중요한 문제들에 초점을 맞추도록 하는, 굉장히 유익한 얇은 책을 제시한다. 이것은 믿지 않는 사람과 믿는 사람 모두에게 좋은 책이다. 이 책을 읽으면서 나는 이 책이 기본적인 상담의 상황들에서와 같이 복음을 전하는 것에서도 얼마나 유용한가를 단번에 알아차렸다. 이 책은 잘 쓰여졌다. 간명하다. 목회적 조언이 있다. 성경으로 가득 차 있다. 이 책은 우리로 하여금 우리의 마음을 충동질하는 문제들에 이르게 하고 우리의 모든 추구의 궁극적인 목적이신 모든 만족을 주시는 그리스도를 보도록 하는 아주 유용한 도구이다. 주님께서 이 책을 사용하셔서 많은 사람들을 주님께 이끌어 오시고 주님과 함께 친밀히 동행하는 주님의 많은 자녀들에게 힘을 주시길 바란다.

브라이언 보그만 Brian Borgman
*Feelings and Faith*의 저자

『영광이 이끄는 삶』(*The Pursuit of Glory*)은 꼭 모든 그리스도인들에게 들려주어야 한다. 이 책에서 제프리 존슨은 그리스도인의 삶의 주요한 측면들을 영광과 관련시켜서 제시한다. 그 주제는 특별하다. 오직 하나님께만 영광이 있다는 것을 생각하게 한다. 신앙심으로 읽는다면 여러분 또한 영광을 추구하고 있게 될 것이다. 하나님께서 영광이시기 때문이다!

제이 아담스 Jay Adams
*Competent to Counsel*의 저자

여러분의 마음은 무엇을 열망하고 있는가? 여러분과 함께 일하고 살아가고 섬기는 사람들의 마음은 무엇을 열망하고 있는가? 제프리 존슨의『영광이 이끄는 삶』(*The Pursuit of Glory*)은 우리 모두의 안에 부글부글 끓어 올라 가끔은 넘쳐흘러 우리의 인생과 우리가 좋아하는 사람들의 인생을 엉망으로 만들고 있는 일반적인 욕망들에 빛을 집중시킨다. 그는 영광과 행복과 목적과 자유와 사귐과 진리와 화평과 거룩과 생명을 추구하는 마음이 우리 안에 어떻게 생겨나는가를 보여 주고 오직 그리스도 안에서만 만족될 수 있다는 것을 보여 준다. 존슨은 이러한 각 욕망들을 만족시키고자 하는 우리의 일그러진 욕망들의 예를 그 많은 삶의 경험과 사역의 경험들로부터 가져와 보여 준다. 그는 이러한 욕망들을 드러내어 우리 가운데 누구라도 우리 자신의 마음의 상태를 더 날카롭게 인식하도록 한다. 그러나 또한 나는 여기에서 세상과 육신 또는 사탄의 유혹하는 지시들로 고통 받은 사람들의 마음을 회복시키고 그들이 하나님의 값없는 은혜를 누리며 살도록 도움을 주기 원하는 형제들과 자매들에게 있어서 이 책의 풍성함을 본다.

릭 혼 Rick Horne
*Get Off a My Case, Godly Parenting of an Angry Teen, and Get Outta My Face! How to Reach Angry, Unmotivated Teens with Biblical Counsel*의 저자

The Pursuit of Glory

Jeffrey D. Johnson

The Proprietor extends to the Publisher the right to publish
the Korean edition of,
The Pursuit of Glory by Jeffrey D. Johnson

.

제5열람실
제5열람실은 '교회를 위한 신학을 공부하는 곳'이라는 의미를 지닌 침례신
학대학교 독서 동아리였습니다. 이제는 교회에서 출판사 제5열람실로 다
시 이 소망을 이어갑니다. 제5열람실은 종교개혁의 유산, 침례교가 가지고
있는 개혁신학과 신앙을 한국교회에 소개하고자 책을 만들어내고 있습니
다. 우리가 펴낸 모든 책이 교회를 바로 세우는 기틀이 되기를 바랍니다.

영광추구

→ → → The → → →

╳ Pursuit ╳

◆ ◆ ◆ of ◆ ◆ ◆

★ ★ ★ Glory ★ ★ ★

↑ **제프리 존슨** 지음 ↑ **김홍범** 옮김 ↑

* * * Finding Satisfaction * * *

◇◇◇◇in Christ Alone◇◇◇◇

제5열람실

목차

이 책은 가볍지 않지만 그리 무겁지도 않은 내용이어서 쉽게 잘 읽히면서도 한 장 한 장 넘길 때마다 내 생각을 머물게끔 했다. 인생의 목적이 하나님을 영화롭게 하는 것이라는 막연한 답 앞에 구체적으로 어떻게 살아야 하는 것인지 제시해 주는 내용이었다. 영광, 행복, 목적, 자유, 진리, 사귐, 화평, 거룩, 생명. 이 주제들은 기독교에서 아주 많이 다루는 내용이기에 잘 알고 있다고 착각하지만 어렴풋이 알 뿐 설명하라고 하면 나의 머릿속은 백지장이 될 것이다. 하지만 저자는 이 단어들을 자신의 경험과 주변 사람들의 다소 극단적이긴 하지만 충분히 공감되는 이야기로 쉽게 나의 삶과 연결시켜 주었다. 저자는 이것들이 결코 기독교인만 원하는 것들도 아니며 모든 사람들이 똑같은 문제를 겪고 있음을 드러내 준다. 나 또한 예외가 되지 않음을 알기에 책을 읽으며 끊임없이 나 자신을 살펴보았다.

　늘 끊임없이 내 안에 없는 어떤 것을 얻어내려고 하지만 얻을 수 없어 깊은 불만족에 처해 있는 나를 보았다. 어쩌면 그러한 것들이 내 안에 없다는 것조차 인정하지 못하고 있었기에 문제가 더 심각할 때가 많았다. '나는 도대체 무엇을 그렇게 얻고자 하는가?' 나는 내가 욕심이 너무 많다고 생각했다. 하지만 저자는 오히려 너무 목표치가 낮아서 문제라고 말한다. 그리고 더 높은 것을 겨누라고 한다. 신선한 충격이었다. 잠깐 있다가 사라질 것들, 잠깐의 즐거움만을 줄 수 있는 것들에 왜 그렇게 목을 매는지 반문하는 것 같았다. 그것은 질책의 목소리가 아니라 안타까움의 호소였다.

그리고 저자는 우리가 착각하며 살아가는 많은 부분들을 직시하게 해 준다. '행복하길 간절히 원하지만 행복하지 못한 이유는 무엇일까? 저것을 얻으면 내가 행복해질 텐데 하나님은 왜 주시지 않지? 내 행복을 원하지 않으시는 걸까? 내 직장 생활이 하나님 앞에 얼마나 의미가 있을까? 내가 하고 싶은 대로 자유롭게 살게 되면 얼마나 좋을까? 모든 관계에서 내가 중심이 된다면 얼마나 기쁠까? 나의 약함과 악함을 인정하고 싶지 않고 들키고 싶지 않다. 나름 선하게 살지 않았나? 꼭 회개를 해야 해? 숨이 쉬어지니 살고는 있는데 뭘 위해 살아야 하는 거야?' 저자는 내 마음속에서 일어나는 어리석은 생각들을 들여다보기라도 한 듯 콕 집어 글을 써 내려갔다.

그리고 하나님께서는 우리가 정말로 행복하기를 바라시고 의미 있는 존재가 되도록 일하게 하시는 분이심을 말해 준다. 또한 진짜 자유가 무엇인지, 우리는 어떠한 사귐으로 부르심을 받았는지, 인정하고 싶지 않은 진리를 받아들임에서 오는 기쁨 그리고 하나님께 용서 받는 기쁨이 어떠한 것인지, 착한 척이 아니라 진짜 선하고 좋은 사람이 되는 방법이 무엇인지, 진짜 생명은 무엇인지를 알려 준다.

이 주제들의 결론은 결국 그리스도의 영광으로 모아진다. 그리스도의 영광을 위해 살 때 우리에게 주어진 모든 것들은 우상이 아닌 하나님께로 향하는 감사의 도구들이 되며 우리의 공허함이 하나님의 사랑으로 채워진다. 나는 하나님에 대해 많이 오해하고 있었음을 알게 되었고 우리를 격려하시며 사랑하시는 그리스도의 선하심을 알게 되어 감격스러웠다. 좋아하는 음식은 내가 먹어 보고 맛있다고 느끼는 경험을 할 때 생긴다. 그래서 성경은 하나님의 선하심을 맛보아 알라고 한 것 같다. 사도 바울은 자기가 알던 가치 있는 것들과 자랑거리들을 그리스도를 알고 나서 배설물로 여긴다고 말했다. 그리스도의 영광이 얼마나 크고 좋은 것인지 나도 그리고 이 책을 읽는 모든 독자들도 더욱더 깨닫게 되었으면 좋겠다.

서문

"하나님께서는 자신을 위해 우리를 창조하셨습니다. 오, 하나님, 우리의 마음은 하나님 안에서 쉼을 찾기 전까지 쉼이 없습니다." 이 책은 사람의 목적에 대한 어거스틴의 이 같은 간결한 진술에 대한 폭넓은 설명이다. 저자 제프리 존슨Jeffrey D. Johnson은 독자들이 이 폭넓은 여정에 만족하고 세 가지 방식으로 이 목적을 향해 가길 원한다. 책 소제목들은 우리를 하나의 중요한 개념으로 이끈다. 이 글의 논의 방식은 궁극적으로 중요한 주제와 관련된 또 다른 중요한 측면을 생각하도록 만든다.

책 제목을 통해 두 가지를 생각할 수 있다. 첫째, 우리는 어떻게 천국의 초월적인 관점으로 영광을 추구할 것인지 알아볼 것이다. 둘째, 이것을 어떻게 이 땅에서의 내재적인 관점으로 생각할 것인지 알아볼 것이다. 초월적인 관점으로 영광을 추구하는 것은 (만약 이것이 진실된 추구라면) 우리로 하여금 하나님의 영광스러운 모든 속성 안에서 하나님의 존재를 보게 한다. 또한 그 안에서 누릴 영원하고 만족스러운 삶에 대한 갈망을 불러일으킬 것이다. "황홀한 기쁨"을 진실로 바라는 사람들은 결국 존재하시는 그대로의 하나님을 보게 될 것이다.

19세기 저술가 앤 쿠쟁Anne Ross Cousin은 하늘에 있길 바라도록
촉진하는 노래를 작사하였는데 여기에 두 절을 소개한다.

오, 그리스도께서는 샘이시다

깊고 달콤한 샘 사랑의 샘이시다

땅에 흐르는 시내를 내가 맛본다

나는 샘물을 더 음미할 것이다

샘물에서부터 바다에 가득 이르기까지

그리스도의 자비는 넘쳐난다

그리고 영광-영광

임마누엘의 땅에 있다.

왕께서 그곳에 가림 없이

그 아름다운 모습으로 드러나신다.

비록 죽음이 그 사이에 놓여 있지만

이것은 아주 의미 있는 여행이었다.

어린양께서는 자신의 공정한 군대를 거느리시고

시온 산 위에 서 계신다.

그리고 영광-영광

임마누엘의 땅에 있다.

내면으로부터 영광 추구는 추구하는 자를 영원한 행복을 찾도록 인도할 것이고 하나님의 특징을 그 감정들과 행위들에 심겨 놓을 것이다. 이것은 영광을 보는 두 가지 방식들과 하나님께서 죄인들을 자신의 "포도나무 집"에 다시 데려오시는 방식에 관한 책이다. 앤 쿠쟁은 이를 다음과 같이 표현했다.

나는 내 사랑하는 자에게 속하였고
내 사랑하는 자는 내게 속하였으며(아가서 6장 3절)
그는 아주 불쾌한 죄인을
자신의 포도나무 집에 데려온다
나는 그의 자비 위에 서 있다
나는 영광이 없는
그 어떤 다른 자리도 알지 못한다
영광이
임마누엘의 땅에 있다.

저자는 우리의 쉼 없음에 쉼을 찾고 싶게 만드는 두 번째 주제를 각 장의 소제목들을 구성하는 소망들로 제시한다. 제프리는 이러한 각 소망들이 어떤 방식으로 모든 사람 안에 있는지를 분명하게 설명한다. 각 소망들은 영혼의 깊은 곳에 심겨 있다. 이는 존재의 상태를 깊고 충분히 만족시키는 소망들의 모양(단지 모형, 아무것도 없는 껍데기)이 실제로 인간의 본성과 근본적으로 뗄 수 없게 놓여 있기 때문이다. 이런 것들은 사람 안에 있는 하나님의 형상의 모양들이다. 내용은 비어 있지만 모양은 있다. 이것이 우리의 창조주 안에서 "우리 마음이 그 쉼을 찾기 전까지 쉼을 얻지 못하는" 이유이다.

모든 사람이 진짜를 대체한 것 안에서 영광, 행복, 목적, 자유, 사귐, 진리, 화평, 거룩, 생명을 찾으려고 애쓴다. 권위 있는 성경에 비춰 보고, 충고해 준 친구들과 사람들의 인생에서 예들을 살피면서 이 저자는 설득력 있는 문체로 목차를 정한다. 전도서와 비슷한 방식으로 그는 지금 현 시대의 가치 있는 것들과 중요한 것들로 진짜를 대신하려는 우리의 모든 노력들은 예외 없이 실패한다는 것을 입증한다. 영혼에 대해서 이렇게 탐구해 나갈 때 진리는 하나님께만 있다. 창조주 대신에 피조물 안에서 그것들을 찾으려는 노력들은 완전히 무의미하다. 즉, 무의미는 끊임없이 좌절감을 주고 깊은 실망감을 주며 끔찍하게 점차 깊어진다.

저자의 의도는 영광을 추구하는 것과 이를 실현하기 위해 행해야 하는 모든 일을 비난하는 것이 아니다. 이 추구는 선하고 옳은 것이다. 이는 우리를 준비시켜야 했던 것이다. 저자의 의도는 성경의 계시된 진리에 대한 자신의 개인적인 연구와 헌신을 기반으로 하여 하나님의 형상의 이러한 모든 요소들이 그리스도의 구원과 화목의 일을 통하여 회복되는 방식을 보여주는 것이다. 저자는 자신의 논증을 엮어 가는 방식으로 이를 설명한다.

이 책의 세 번째 인상 깊은 특징은 논증의 방식과 관련이 있다. 이 책은 진리에 대한 진술과 저자의 개인적인 연구에 대한 날카로운 의견으로 구성되어 있다. 영적인 진술인 **고백록**에서의 어거스틴Augustine과 같이 제프리 존슨은 바라던 일들을 얻을 수 없었던 자기 자신의 인생에서의 깊은 갈등들을 나누고 있다. 한때 그는 자살 직전까지 내몰렸었다. 그 인생 안에서 삶을 변화시키는 하나님의 강력한 간섭으로 인하여 그는 인생에서 얻기를 포기했던 것들을 그리스도의 은혜로 얻게 되었다. 참영광, 행복, 목적, 그리고 다른 요소들이 어떻게 자신의 인생을 가득 채웠는지에 대해 그는 정직하고 솔직하며 진술하고 진지하게 이야기한다. 여기에는 그가 추구하는 것들을 지지하는 성경의 진리가 엮여 있다. 이것은 우리 각자가 동일한 방법으로 그것들을 얻을 수 있도록 한다.

그는 신비한 주문이나 현실과 동떨어진 몇몇 비밀을 제시하는 것이 아니다. 명백하게 계시되고 명료히 제시된 복음, 즉 예수 그리스도의 탄생, 그분의 삶, 십자가, 부활, 승천을 가리킨다. 신성의 모든 충만함이 육신의 모습으로 예수 그리스도 안에 거하여 있다. 예수님께서 바로 그러한 분이시다. 예수님께서는 보이지 않는 하나님의 형상, 하나님의 신성의 명백한 형상이시다. 예수님께서는 아버지의 영광의 빛이시다. 만약 우리가 영광과 영광에 따라오는 모든 가치들을 찾는다면 우리는 그리스도 안에서만 그것들을 찾을 수 있을 것이다. 바로 이것이 이 책이 의도한 목적이고 명백히 전달하고자 하는 바이다. "취하여 읽어라."

톰 J. 네틀스Tom J.Nettles

Louisville, Kentucky

1

영광을 추구하는 삶

당신과 나는 무언가를 찾고 있다. 비록 우리는 그것이 무엇인지 정확하게 알 수 없을지라도 끊임없이 그것을 찾는다. 우리가 정말 많은 애를 써야 하더라도 우리는 그것을 추구하는 것을 멈출 수 없다. 우리가 잃어버린 지갑을 찾는 것처럼 우리는 잃어버린 것을 찾기 전까지 쉴 수 없다. 여기도 살피고 저기도 보아서 찾지 못하면 우리는 계속 찾는다.

그 무언가에 사로잡힌 우리의 온 마음은 그것을 애타게 찾으며 안절부절못한다. 우리는 가만히 있지 못한다! 그것을 찾으려는 우리의 안달이 우리가 내리는 모든 결정을 정한다. 이 책을 쓰고자 한 나와 읽고자 한 당신의 공통된 바람마저도 그러한 동기가 있었던 것이다. 우리는 아쉽게도 바람이 부족하다. 모든 사람이 그렇다. 우리가 하나님을 사랑하든지 아니든지 간에 바람은 우리 모두 안에 있다. 바람은 사람의 특징 중한 부분이다. 우리는 하나님에 의해 그것을 추구하는 존재로 만들어졌고 우리는 그것을 추구할 것이다.

당신이 궁금해 하는 것은 무엇인가? 묻고 끊임없이 추구하는 것은 무엇인가? 그것은 영광이다. 우리 모두는 영광, 순수한 영광을 추구한다! 그것은 영광이다. 우리 모두는 영광, **순수한** 영광을 바란다!

유명해지는 것이 당신이 생각하고 있는 것이라면 나는 그것을 말하는 것이 아니다. 사실 우리는 보통 유명하게 되는 것이 영광을 추구하고 있는 것이라고 잘 속는다. 그렇지만 유명함은 절대로 지속적인 만족을 가져다주지 못한다. 유명한 사람도 역시 불행하다. 그들도 우리와 같이 그 마음에 수많은 트위터 팔로워로도 채울 수 없는 큰 구멍이 있다.

우리 마음 안에 있는 이 구멍, 채워지길 바라는 공허한 구멍은 유명한 것보다 훨씬 더 큰 어떤 것을 찾는다. 그 깊은 곳에서 우리는 참 영광을 열망한다. 우리는 최고의 영광, 즉 영광들 중의 영광과 이 땅의 칭찬들이 뛰어넘을 수 없는 영광, 바로 순수한 영광을 열망한다.

하나님의 형상으로 만들어진 우리는 이 세상의 것들로부터 찍어낸 짝퉁 영광에 절대 만족할 수 없다. 심지어 무신론자 버트런드 러셀Bertrand Russell도 사람들은 이 세상의 영광으로 절대 만족할 수 없다는 사실을 이해했다. "사람은 아주 중요한 한 가지 점에 있어서 다른 동물과 다르다. 그것은 말하자면 절대 충분히 만족할 수 없는 무한한 욕망들을 가지고 있다는 것이다. 그래서 이것은 파라다이스에서조차도 그를 쉬지 못하게 할 것이다."[*]

　우리의 가장 깊은 욕망을 만족시킬 수 있는 유일한 영광은 우리가 좋아하는 백화점이나 아우디 대리점에서 얻어질 수 없다. 이 영광은 슈퍼볼에서 경기를 승리로 이끄는 패스를 했을 때나 미국 대통령에 선출되었을 때 얻어지는 것이 아니다. 건강과 부와 권력, 이 모든 것은 매혹적이지만 마음 속 깊은 곳에서 우리 모두는 우리의 마음이 이러한 것들을 넘어선 어떤 것을 추구한다는 것을 안다. 우리가 찾는 영광은 사라져 버리는 것이 아니다. 이 영광은 공허하거나 헛된 것이 아니다. 오히려 참 영광은 썩어지는 것보다 더 중요한, 즉 영원한 것으로 이루어져 있다.

　히브리 단어 영광, 카보드kabowd가 무거움을 뜻한다는 사실을 생각해 보자. 이것이 영광을 정의하기에 이상한 방식처럼 보일지 모르지만 우리는 고대 동전들의 가치가 그 무게, 그것의 무거움으로 결정되었다는 사실을 반드시 기억해야 한다. 동전이 가치 있는 금속들로 만들어졌던 때와 달리 오늘날은 5센트 동전이 10센트 동전보다 더 무겁다. 동, 은, 금으로 만들

[*]　Bertrand Russell, as quoted in *Nobel Writers on Writing*, ed. Ottar G. Draugsold (jefferson, NC: McFarland, 2000), 61.

어진 동전들로 거래하였을 때 더 크고 무거운 동전이 더 가치 있다. 더 크고 더 무거운 것이 더 가치가 있다. 그래서 어떤 것의 영광과 가치는 그것의 무게나 본질에 있다.

성경에서 영광과 대조시키는 것은 허영이다. 히브리어에서 **허영**은 본질이 거의 없거나 전혀 없는 것에 대해서 말한다. 이것은 가볍거나 비었거나 가치 없는 것에 대해서 말한다. 우리가 바람을 잡고 있을 수 있다 하더라도 잡고 있는 것은 무엇인가? 아무것도 없다. 바람을 한 움큼 잡는 것은 아무 가치도 없다.

일시적 영광이 아니다

영광과 허영 사이의 차이를 이해하기 위해 우리는 반드시 일시적인 것들과 영원한 것들 사이의 차이를 인식해야 한다. 사람들의 칭찬과 이 세상의 영광은 사라질 것이기 때문에 그러한 것들은 껍데기이다. 그것들은 허영이다. 겉으로는 그것들이 인상적으로 느껴지고 보일지라도 그 빛 아래 넓게 퍼져 있는 감춰진 부패한 층이 있다.

단지 몇 초밖에 살 수 없는 사람이 손에 잡초를 한 움큼 쥐든 루비를 한 움큼 쥐든 실제로 무슨 차이가 있을까? 우리가 가진 모든 것이 계속 가지고 있을 수 없는 것이라면 아무 소용도 없다. 시편 저자는 죽는 순간 우리와 관련한 우리의 "생각이 소멸하리로다"(시편 146편 4절)라고 말한다. 사람이 만일 온 천하를 얻고도 자기 목숨을 잃으면 그것이 우리에게 무슨 유익이 있겠는가(마가복음 8장 36절)?

이 세상의 영광은 마치 사라지는 안개와 같다. 그리고 우리 모두는 마음속으로는 이를 알고 있다. 이 땅의 아름다움과 칭찬이 짧다는 사실을 우리는 안다. 이 세상에서 가장 매력적인 것도 기껏해야 이미 시들기 시작한 아름다운 꽃과 같다. 빛을 잃어 가는 세상의 영광은 이탈리아 베니스에 있는 더러운 수로들과 썩은 세월 같다. 영광의 빛이 완전히 사라지는 것은 시간문제일 뿐이다.

이 세상의 영광을 좇고 있는 것은 마치 바람을 잡으려고 하는 것과 같다. 당신이 바람을 잡았다고 생각하는 그 순간 바람은 당신에게서 사라진다. 시동을 켜는 그 순간 사라지기 시작하는 새 차의 냄새처럼 말이다. 이 땅의 승리들은 곧 사라진다. 한 때 장식장 위에 자랑스럽게 서 있던 트로피는 이제 박스에 싸여 다락에 있다. 당신의 "영광의 날들", 유명한 농구선수였거나 차석으로 졸업한 일에 대한 기억은 가물가물해지기 시작한다. 당신의 인생 전부는 아니더라도 관련된 거의 모든 것이 잊히기까지 오래 걸리지는 않을 것이다.

죽음은 우리 모두를 덮친다. 죽음의 악취는 인생의 장막을 뚫고 들어온다. 우리는 인생의 덧없음을 심중에 늘 생각한다.

죽음은 우리의 가장 즐거운 경험들을 더럽힌다. 여기에서 지금 당신과 내가 정말 즐거운 것을 발견한다 할지라도 우리는 낫을 든 사신이 우리를 향해 그림자를 뻗고 있다는 사실을 안다.

이 세상도 그 정욕도 지나간다(요한일서 2장 17절). 이 땅의 모든 영광은 잠깐이다. "재물은 영원히 있지 못하나니"(잠언 27장 24절). 그러므로 그 설교자가 설교한 것처럼 이 세상의 영광은 허영이다. 이 세상이 주는 최고의 것은 공허와 무의미함이다. "모든 것이 헛되**도다**"(전도서 1장 2절, 추가 강조).

껍데기 영광이 아니다

인생에서 영원한 것은 아무것도 없다. 그래서 우리는 영원한 영광을 추구한다. 나는 우리가 지금 우리의 상태로 영원히 살길 바란다는 것을 말하는 것이 아니다. 만약 그것이 우리가 고대하는 전부라면 존재하는 것 그 자체가 지옥이다. 우리는 단지 살아있는 것만을 바라지 않는다. 오히려 우리는 이 세상이 줄 수 있는 것보다 더 중요한 어떤 것을 얻길 바란다. 또한 우리는 순수한 영광을 찾고 있다.

이 영광이 무엇이든 간에 이 영광은 이 세상에서 캐낼 수 있는 것에 비하면 훨씬 더 무겁고 훨씬 더 가치 있고 훨씬 더 귀중하며 훨씬 더 오래간다. 우리가 필요로 하는 영광은 영원한 영광이다. 이 영광은 무한하고 불변하고 헤아릴 수 없는 영광이다. 이것은 우리를 넘치도록 영원히 만족시킬 수 있는 유일한 것이다.

이 영광은 오직 하나님 안에서만 발견된다. 부패하기 쉬운 것 안에 영원한 가치가 있을 수 없기 때문에 우리는 "영원한 영광의 중한 것"(고린도후서 4장 17절)을 바라지 않을 수 없다. 우리가 이것을 인정하든지 하지 않든지 간에 우리 모두는 하나님의 영광을 추구하는 상태이다. 하나님만이 영원하시고 무한하시며 불변하시기 때문에 바로 이것만이 인생에서 참으로 중요하다. 하나님만이 무한한 가치를 가지신다. 다른 모든 것은 비교할 수도 없을 만큼 헛되고 공허하며 의미가 없다. 하나님의 영광은 하나님의 모든 것의 극치이다. 이 영광은 하나님의 불변하고 영원한 정수에서부터 빛나는 광채와 위엄과 아름다움과 찬란함이다.

영광은 하나님의 본질의 고유한 가치를 높이 바라보는 것이기 때문에 하나님의 영광은 바라보는 사람을 요구한다. 이것은 하나님의 영광이 우리로 하여금 하나님을 높이 평가하도록 요구한다는 것을 의미하지 않는다. 만약 하나님의 영광이 하나님이 아닌 다른 것에 의지하고 있다면 그 영광은 영원하지 않을 것이다. 아버지, 아들, 성령님께서 항상 서로 영광을 높이시고 서로에게 영광을 돌리시기 때문에 하나님의 영광은 영원하다. 아버지께서는 아들과 성령님의 참 가치를 알고 계시기 때문에 하나님께서는 아들과 성령님을 영화롭게 하신다. 그리고 아들과 성령님께서도 마찬가지로 아버지의 참 가치를 알고 있기 때문에 그분들은 이에 따라 아버지를 영화롭게 한다. 이 것이 창세전에 서로에게 돌리신 영광이다(요한복음 17장 5절). 그분들은 완전히 그리고 영원히 서로 공유하시는 무한한 영광에 만족하신다.

이것이 완벽한 영광이다. 각 삼위 하나님께서는 서로를 정확히 꿰뚫고 계시기 때문에 그분들은 서로를 완벽히 아신다. 서로에 대한 이 완벽한 지식 때문에 삼위 하나님께서는 서로에 대해 완벽하고 충만하게 이해하시고 사랑하신다. 아들이 아버지와 성령님의 사랑에 만족하시는 것과 같이 그리고 성령님께서 아버지와 아들의 사랑에 만족하시는 것과 같이 아버지께서는 아들과 성령님의 사랑에 만족하신다. 단 하나도 부족하지 않으시고 단 하나도 아쉬운 것이 없으시며 아무것도 더 원하지 않으신다. 충분하고 완벽한 만족이다. 이것이 하나님의 영광이다. 이것이 우리를 만족시킬 수 있는 유일한 영광이다. 우리는 비참하다. 그 이유는 우리가 영광을 갈망하기 때문이 아니라 우리가 완전히 잘못된 것들 안에서 영광을 추구하고 있기 때문이다. 말하자면 우리는 충분히 높은 곳을 겨누고 있지 못하다.

또 그것을 좋아하든 그렇지 않든 간에 우리 모두는 진심으로 영광을 추구하고 있다. 이것은 우리가 영광을 바라고 있는지 아닌지에 대한 문제가 아니다. 이것은 우리가 영광을 진짜로 찾을 수 있는 유일한 곳, 바로 하나님 안에서 영광을 찾고 있는지에 대한 문제이다. 그러므로 궁극적인 질문은 이것이다. 하나님의 영광을 누리길 원하는가? 이 타락한 세상의 헛된 영광을 추구하고 있는가? 다시 말해 당신의 영광은 무엇인가?

이 질문에 당신이 어떻게 답하느냐가 모든 것을 결정할 것이다. 이 책이 설명하고자 하는 것처럼 우리는 행복, 목적, 자유, 우정, 진리, 화평, 거룩 그리고 생명을 바란다. 이러한 바람들은 우리 안에 있는 본성이다. 그 까닭은 우리가 하나님의 형상으로 만들어졌기 때문이다. 그리고 앞으로 볼 것이지만 우리가 기를 쓰고 찾으며 필요로 했던 그 영광을 우리는 하나님을 찾을 때에야 비로소 찾게 될 것이다.

하나님께서는 이 바람을 우리 마음에 두셨다(사도행전 17장 26-28절). 하나님의 형상으로 만들어졌기에 우리는 하나님의 영광보다 못한 것들로 만족할 수 없다. 어거스틴Augustine은 아주 오래전에 다음과 같이 말했다. "당신은 당신을 위해 우리를 만드셨다. 그래서 우리의 마음이 당신 안에서 쉼을 찾을 수 있기 전까지 우리 마음에 쉼은 없다."*

* Augustine, *Confessions*, trans. F. J. Sheed, ed. Michael P. Foley (London: Hackett, 2006), 3.

2

행복을 추구하는 삶

이 세상은 우울증을 앓고 있다. 이것은 과장이 아니다. 우울증 치료약은 큰 사업이다. 하버드 의과 대학과 국립보건통계센터에 따르면 미국인의 열 명 중 한 명은 "행복 알약"*을 처방 받고 있다. 그러나 이것도 놀랍지 않다. 약물 치료를 못마땅하게 여기는 대부분의 사람들은 기분이 풀리는 반복되는 소리, 쾌락적 즐거움들, 오락을 통하여 우울증에서 벗어나려고 애쓴다. 그들은 항상 마트에 가 있고, 항상 쇼핑을 하고 있고, 항상 보고 있고, 항상 쫓고 있다. 그러나 결코 참으로 행복한 적은 없다.

나는 **행복**이 육체적인 즐거움을 누리는 것을 의미한다고 말하지 않는다. 섹스와 마약과 로큰롤은 말초적인 만족을 준다. 그러나 나는 행복하다고 고백하는 독신 중독자를 상담해 본 적이 없다. 쾌락의 한 순간을 즐기는 것이 아무리 반복된다 한들 이는 행복과 다르다.

참 행복은 끊임없는 만족감과 "말할 수 없는 영광스러운"

* Peter Wehrwein, "Astounding Increase in Antidepressant Use by Americans", *Harvard Health Blog*, Harvard Health Publishing, October 20, 2011, http://www.health.harvard.edu/blog/astounding-increase-in-antidepressant-use-by-americans-201110203624.

즐거움이다(베드로전서 1장 8절). 참 행복은 만족감을 느끼게 하는 초월적인 영광, 영혼에 뿌리내린 영원한 만족이다. 이런 종류의 행복은 깊고 끝없는 만족감을 준다. 그리고 이런 종류의 만족은 모든 사람이 얻기를 바라는 것이다. "모든 사람은 행복을 추구한다"라는 블레이즈 파스칼Blaise Pascal의 말은 옳았다. 우리는 행복을 추구하는 것을 막을 수 없다. 당신과 나는 그만두고 싶어도 행복을 추구하는 것을 그만둘 수 없다. 단 한 사람도 진심으로 "나는 행복을 원하지 않는다"라고 말할 수 없다. 만약 당신이 이러한 생각을 한다면 그 유일한 이유는 당신이 행복을 추구하는 일에 지쳤기 때문이다.

우리가 내리는 모든 결정은 우리가 행복을 추구하는 것으로 인해 일어나게 된다. 심지어 행복을 포기하고 자살하는 것조차도 뒷문을 통해 행복을 찾으려고 애쓰는 한 방식이다. 바로 나의 경우가 그랬다. 몇 달 동안 우울증에 시달리면서 나는 나의 생명을 끊으려 하였다. 대학교 2학년을 마칠 때 나는 나의 방을 깨끗이 비웠고 마카로프 9mm 권총을 장전한 일을 기억한다. 몇 주 동안 자살을 할 생각을 한 후 나는 이를 위해 모든 것을 준비했다.

비참함과 상처와 어둠은 견딜 수 없을 정도로 너무 컸다. 내 주변을 모두 정리하고 장전된 총을 손에 든 채 미진한 부분을 완전히 매듭지어야겠다고 생각했다. 부모님께 작별 인사를 하는 것이었다. 나는 부모님이 나의 결정에 너무 실망하시지 않기를 바랐지만 아버지와 이야기를 나누는 동안 아버지는 나에게 희미한 소망의 빛을 보여 주셨다. 이 빛은 총을 카펫 저쪽으로 밀어두고 하나님께 무릎 꿇어 기도하게 하기에 충분한 것이었다. 그 일은 20년 전이었고 돌아보면 나는 죽길 바라지 않았었다는 것을 깨닫는다. 나는 단지 살기를 원하지 않았었다. 내가 자살하길 바란 것은 그 고통을 죽이길 바란 것이었다. 정신 없는 소리처럼 들릴 수 있지만 내가 죽기를 바란 것은 행복하게 되길 바라는 나의 꺼지지 않는 바람으로 인한 것이었다.

그 이후로부터 나는 자살하고 싶은 마음이 드는 많은 사람들에게 조언을 해 왔다. 자살하는 대부분의 사람들은 그 어떤 조짐이나 경고 없이 한다. 어느 날 나는 한 사람에게 상담을 해 줬고 그 다음 날 경찰에게 그 사람이 자살로 죽었다는 소식을 듣게 되었다. 이러한 일이 나에게 두 번 일어났다. 내가 설교했던 장례식 중 가장 힘들었던 경우는 유서를 손에 쥐고 약을 과다 복용하여 죽은 젊은이를 위한 것이었다.

요지는 이것인데 우리는 행복하고자 하는 욕구에 의한 것이 아니면 어떤 결정도 내릴 수 없다는 것이다. 일어나 직장에 가는 것과 같이 우리가 즐거워하지 않는 일들을 행하는 것조차도 행복을 추구하는 것으로 인해 행해지는 것이다. 월급을 받고 공과금을 납부하는 것이 직업을 잃는 것보다 더 행복한 선택처럼 보인다. 당장의 행복이든 미래의 행복이든 이것은 우리가 행하는 모든 일의 이면에 있는 것이다.

우리의 문제는 우리가 행복을 원한다는 사실이 아니다. 이 바람은 하나님이 주신 것이다. 오히려 우리의 문제는 하나님 안에서 행복을 추구할 마음이 없다는 것에 있다. 우리는 행복하도록 만들어졌다. 그 까닭은 우리가 하나님을 즐거워하고 하나님을 영화롭게 하도록 만들어졌기 때문이다. 그러나 그어떤 참된 만족도 가져다 줄 수 없는 것들 안에 행복이 있다고 생각하도록 우리가 속고 있기 때문에 우리는 하나님을 영화롭게 하려 하지 않는다.

우리 안에서 찾지 못한다

첫째, 우리는 행복이 우리 자신을 사랑하는 것에 있다고 생각하기 쉽다. 즉, 우리는 우리가 사랑하는 것에서 행복을 찾는다. 그리고 우리가 사랑하기 가장 쉬운 것 중 하나가 우리 자신이다. 누가 자신을 사랑하지 않는가? 더욱이 우리가 사랑하는 것들은 좋아하고 소중하게 생각하는 것들이다. 그리고 우리는 본능적으로 우리 자신을 소중하게 생각하기 때문에 우리는 우리 안에서 행복을 찾아야 한다는 유혹에 빠진다.

우리가 자기애 안에서 행복을 찾으려 하면 할수록 우리는 더 외롭고 비참해진다. 우리는 이를 인정하려 하지 않는다. 그리고 우리는 우리 자신조차도 완전히 충분하지 않다. 우리는 순수한 영광을 갈망하고 있지만 우리는 우리의 최고 상태에서조차 이 영광에 미치지 못한다. 우리는 우리 마음속의 깊은 갈망을 충분히 만족시키지 못한다.

비록 우리가 이를 인정하기 힘들겠지만 우리는 우리 자신에게 실망할 수밖에 없다. 이것은 하나님께서 우리가 스스로에게 만족하도록 정하시거나 행복한 상태로 우리를 창조하지 않으셨기 때문이다. 우리는 본래 결핍된 상태이다. 오직 하나님께서만 그분만으로 충분하게 행복하시다. 오직 삼위 하나님만이 완벽하고 영원히 행복하시다. 하나님께서는 아무것도 필요치 않으신다. 하나님만이 그분 자신에게 충분히 충만하시다.

그에 반하여 우리는 혼자 있도록 계획되지 않았다. 하나님께서는 아담을 동산에 두신 후에 "여호와 하나님이 이르시되 사람이 혼자 사는 것이 좋지 아니하니 내가 그를 위하여 돕는 배필을 지으리라 하시니라"(창세기 2장 18절)라고 말씀하셨다. 우리는 독립적이고 스스로 만족하도록 의도되지 않았다. 우리는 의존적이고 부족한 사람들이며 우리는 이 사실을 알고 있다. 우리는 본래 하나님의 영광만이 채울 수 있는 마음의 구멍을 가지고 창조되었다. 만약 우리가 이미 행복을 가지고 있었다면 우리는 행복을 찾지 않았을 것이다. 울면서 이 세상에 태어났다는 것은 우리는 이미 주어진 행복을 가지고 태어나지 않았다는 사실을 말해준다. 우리는 의존적인 존재이기 때문에 우리 밖에서 행복을 찾아야 한다.

잘 훈련된 상담사들은 우리를 잘못 인도하는 친구들과 마찬가지로 우리 안에서 행복을 찾으라고 용기를 줄 수도 있다. 그들은 우리 자신을 애지중지하는 데 더 많은 시간을 쏟아야 할 필요가 있다고 말한다. 그들은 자기애의 부족이 문제인 것처럼 우리 자신을 사랑하는 것을 배워야 할 필요가 있다고 말한다. 그러나 그들은 자신들이 무슨 말을 하는지 도무지 모른다.

황량한 작은 섬에 버려진 사람에게 자기 안에서 행복을 찾으라고 말해 보라. 아무것도 기대할 수 없는 무인도에 있는 사람에게 행복하기 위해서 그에게 필요한 모든 것은 자기 자신에 대한 생각들뿐이라고 말해 보라. 외로운 사람에게 당신이 행복하기 위해 필요한 모든 것은 자기 자신과 소중한 시간을 보내는 것이라고 말해 보라. 단절은 어떤 사람도 미치게 하기 때문에 이러한 조언은 어리석다. 단절은 형벌의 한 방식이다. 단절은 그 자체가 지옥의 특징이다. 더 많은 시간을 우리 자신에게 쏟으라고 말하는 것은 자아도취에 더 빠지도록 할 뿐이다. 이것은 문제의 일부일 뿐 해답이 아니다.

물질주의 안에서 찾지 못한다

근본적인 문제는 우리가 영원한 행복의 유일한 참 근원, 하나님으로부터 단절된 상태로 태어난다는 것이다. 이 영적인 단절이 우리가 행복을 좇는 원인이다. 우리에게 하나님이 없기 때문에 우리는 바로 그 빈 공간을 채우려고 좇는다. 그리고 우리는 본능적으로 하나님을 원하지 않기 때문에 우리는 하나님이 아닌 다른 것에서 행복을 찾는 것에 마음이 끌린다. 예를 들면 물질주의다. 헨리 스쿠걸Henry Scougal은 다음과 같이 언급했다. "인간의 영혼은 행복을 추구할 때 실체가 없는 불과 같이 항상 이런저런 것을 손아귀에 쥐려 하는 극심한 갈증을 느낀다."* 그리고 세상의 물질에서 행복을 찾으려는 유혹, 이것이 우리가 빠지기 쉬운 두 번째 숨겨진 덫이다.

물질주의자가 되는 것은 우리 모두에게 자연스러운 것이다. 우리가 이 세상에 태어난 그 날부터 우리는 그것들을 향해 울기 시작한다. 새내기 부모로서 나는 우리가 대형마트에 갈 때마다 첫째 아이가 새 장난감을 가지고 놀 수 있다고 생각하

---

*　Henry Scougal, *The Life of God in the Soul of Man* (Conway, Ark.: Free Grace Press, 2017), 90.

는 것을 그냥 둘 수 없다는 사실을 빨리 배웠다. 그의 새 장난
감 통이 이미 모든 종류의 아주 쓸모없는 것들과 소리를 내는
것들로 넘쳐나고 있지만 그것으로 충분하지 않았다. "더, 더,
더!"라고 울어댔다. 안타깝게도 대다수의 청소년들과 어른들
조차 장난감과 트럭은 결코 만족을 주지 못한다는 사실을 배
우지 못했다. 우리가 더 이상 부러워하지 않으려면 얼마나 많
은 것들이 필요한가? 얼마나 많아야 충분한가?

물질적인 것들 그 자체는 악하지 않다. 하나님께서 우리를
위해 "후히 주사 누리게 하시는"(디모데전서 6장 17절) 이 세상
의 "모든 것"을 창조하셨다. 하나님께서는 우리를 위해 자신
의 사랑을 표현하시는 것으로서 선물을 주시는 것을 좋아하신
다. 우리의 배우자에게서 발렌타인 카드를 받는 것이 우리를
더 친밀하게 하는 것과 같이 하나님의 선물은 우리의 감정을
하나님께 이끌어 가도록 의도된 것이다.

하늘과 같이 눈에 보이는 것들은 우리의 마음을 하나님의
보이지 않는 영광을 보물로 여기도록 우리의 지성과 마음을
몰아세우는 데 더 적합하다(시편 19편 1절). 하지만 이기심으로
인해 우리는 우리의 감정들을 하나님께 향하게 하는 바로 이
러한 것들을 우리의 감정들을 하나님께로부터 떨어뜨리는 데
쓰고 있다. 우리는 하나님의 선물들을 녹여 우상으로 만드는
방식으로 그것들을 하나님을 대적하는 것으로 바꾸어 버렸다

(로마서 1장 23절). 바로 이것은 우리가 하나님을 바라지 않고 하나님의 선물을 원하는 것이다. 우리는 창조주 없는 세상을 원한다.

우리의 타락한 마음은 모든 것을 망친다. 무한히 주시는 분에게서 행복을 찾는 것보다 우리는 어리석게도 유한한 선물들에서 행복을 찾는다. 하나님의 영광을 위해 먹고 마시기보다 우리는 자기 자신의 영광을 위해 먹고 마신다. 우리는 하나님께서 우리의 유익을 위해서 창조해 주신, 예를 들면 섹스, 음식, 마실 것과 같은 이러한 것들을 자기 자신을 파괴하는 악으로 바꾸는 것으로 왜곡해 왔다. 하나님을 영화롭게 하기보다 "[우리의] 영광은 부끄러움에 있다"(빌립보서 3장 19절).

우리가 이렇게 비참하다는 것은 전혀 놀랍지 않다. 우리는 바위 안에서 물을 찾는 것과 같이 바보처럼 짧은 순간의 기쁨만 줄 수 있는, 썩어지고 물질적인 것들에서 무한한 행복을 계속해서 찾고 있다. 우리는 우리 육신의 욕망을 채우는 것이 우리 영혼의 본능적 갈망들을 어느 정도 만족시킬 수 있다는 생각에 속는다.

이러한 잠시의 기쁨은 기쁨을 주기보다 실망감만을 남긴다. 우리는 결국 우리가 필사적으로 갈구하는 영원한 행복과 만족을 우리에게 줄 수 없는 것들에 대해 경멸하게 된다. 하나님께서 우리의 기쁨을 위해서 계획해 두신 것들을 우리는 더 깊은 불만을 자아내는 데 써 왔다.

이 문제는 우리가 육체적 욕구들을 가지고 있다는 것이 아니다. 주 예수님께서도 육체적 욕구들을 가지고 계셨다. 예수님께서는 배가 고프셨고 목마르셨다. 욕구들은 우리가 필요한 것의 결핍에서 온다. 하나님께서는 음식이나 물 같은 어떤 것들을 필요로 하는 유한한 존재들로 우리를 창조하셨다.

무한하신 "하나님께서는 시험을 받지 아니하신다"(야고보서 1장 13절). 그 까닭은 하나님께서는 그 어떤 것도 필요치 않으시기 때문이다(사도행전 17장 25절). 부족한 것이 아무것도 없으시고 변함없으신 하나님을 그 무엇으로 유혹하는 것이 가능할까? 반면에 우리는 스스로 충분하지 못하다. 우리는 필요들이 있기 때문에 유혹을 받는다. 심지어 그리스도께서도 사람의 육신의 연약함을 취하셨을 때 "우리와 똑같이 시험을 받으셨다"(히브리서 4장 15절). 욕구들과 필요들을 가지고 있다는 것이 죄의 원인은 아니다. 이는 그리스도께서 죄에 빠지시지 않고 유혹을 받으셨기 때문이다.

죄의 원인은 불법적인 행위로 합법적인 욕구를 만족시키길 바라는 마음에서 흘러나온다. 옷, 음식, 술, 섹스를 원하는 것이 죄악된 것은 아니다. 우리가 이러한 것들을 우상으로 둘 때에 이것은 죄가 된다. 이러한 바람들이 우리 자신의 사욕을 다른 사람들의 이익들보다 위에 둘 때 이것은 죄가 된다. 하나님께서 우리에게 주시는 것들에 만족하지 못하게 될 때 그것은 죄가 된다. 요약하자면 우리의 유익을 위해 계획된 것을 우리가 왜곡할 때 죄가 된다.

하나님께서는 선하시다. 그렇기에 그분은 우리가 비참해질 정도로 우리를 부족하게 창조하지 않으셨다. 오히려 하나님께서는 우리가 하나님께 감사하며 즐거운 순간들을 누릴 수 있도록 부족하게 창조하셨다. 하나님께서는 먹는 것이 고통이 되도록 미뢰를 주시지 않을 수 있으셨다. 만약 하나님께서 먹는 즐거움을 싫어하셨다면 모든 음식은 전병과 같은 맛이 났을 것이다. 섹스는 지루했을 수 있었을 것이다. 그렇지만 감사하게도 하나님께서는 우리의 필요들을 즐거움의 수단으로 채워 주신다. 보고 듣고 만지고 맛보고 냄새 맡는 것이 즐거운 경험이라는 것에 우리는 마땅히 하나님께 감사해야 한다.

하나님께서는 우리의 모든 합법적인 욕구들에 대해서 우리에게 합법적이고 즐거운 만족을 누리도록 주신다. 하나님께서는 우리 모두의 필요들을 채워 주시겠다는 약속을 하셨다(빌립보서 4장 19절). 하나님께서는 아담이 한 아내를 원하도록 창조하셨고 하나님께서는 이 필요를 만족시킬 하와를 아담에게 주셨다. 아담과 하와는 음식을 원했고 하나님께서는 그들의 배고픔을 채워 줄 동산에 그들을 두셨다. 그들은 한 나무를 제외하고 모든 나무에 열린 열매를 먹을 수 있었다. 이 동산 전체는 본질적으로 그들이 충분히 즐거워할 수 있는 그들의 것이었다.

그 동산에 있는 모든 나무들 중 금지된 나무는 사탄이 그들을 유혹하는 데 썼다. 그들은 배가 고프거나 먹을 것이 부족한 것 같지 않았다. 그들은 자신들이 필요한 모든 것을 가지고 있었다. 인생은 완벽했다. 그리고 하나님으로 인해 보살핌을 잘 받고 있는 중에 그들은 그들에게 속하지 않은 단 하나의 것을 취하여 하나님을 거역하라는 유혹을 받았다. 모든 것을 가지고 있었지만 그들은 만족하지 못했다.

이와 같이 하나님께서 은혜로 우리에게 주신 것들에 감사하고 만족하지 못할 때 우리는 죄에 빠진다. 하나님께서는 우리가 필요로 하는 것 이상을 우리에게 주시지만 우리는 우리가 가지고 있지 못한 것에 욕심을 내는 유혹에 빠져있다. 우리는 감사하지 못한다. 우리는 이웃의 차를 탐내고 우리가 가진 것에 지나치게 몰두하는 우리 자신을 발견한다. 우리는 만족할 줄 모르는 식충이가 되었다. 우리는 하나님께서 우리에게 누리라고 주신 선한 것들을 자신의 잇속만 챙기는 우상들로 만들어 버려서 부패시킨다. 우리가 마땅히 감사해야 할 때에도 우리는 만족하지 못한다. 오, 우리는 얼마나 죄로 가득한 마음을 가지고 있는가!

이 모든 것은 그리스도를 향한 우리의 사랑이 식었을 때 일어난다. 그리스도 없이 우리는 만족할 수 없다. 우리가 이 세상 전부를 가지고 있더라도 우리는 여전히 만족하지 못할 것이다. 이 세상의 유한하고 사라질 것들은 하나님께서 우리 마음에 만들어 놓으신 구멍을 채울 수 있도록 의도된 것이 아니기 때문이다.

우리의 갈증을 그리스도의 우물에서 솟아나는 생명수를 마시는 것으로 해소시키지 않는다면(요한복음 4장 14절) 우리는 계속해서 우리를 더 목마르게 할 뿐인 터진 웅덩이에서 나오는 더러운 물을 마실 것이다(예레미야 2장 13절). 세상을 추구할 때 우리는 어리석고 비이성적이게 된다. 이 세상 "재물의 유혹"으로 인해(마가복음 4장 19절) 우리의 마음은 가려진다. 우리는 하나님을 즐거워하도록 창조되었다. 그러나 우리는 절대 만족할 수 없는 가치 없는 장식품들과 하나님의 영광을 바꾼다(이사야 55장 2절).

육체의 즐거움에서 찾지 못한다

영적으로 죽어 있을 때 우리는 우리의 오감으로 인식할 수 없는 썩지 아니할 것들보다 볼 수 있고 느낄 수 있는 썩어질 것들에 더 매력을 느낀다. 영적으로 하나님의 영광에 눈이 가려져 있을 때 우리는 하나님의 영광을 볼 수 있고 느낄 수 있고 냄새 맡을 수 있고 들을 수 있고 맛볼 수 있는 하찮은 것들로 바꾼다. 토마스 아퀴나스Thomas Aquinas는 "사람은 기쁨 없이 살 수 없다. 그러므로 사람이 영적인 참 기쁨에서 단절되면 반드시 그는 육체적 기쁨에 중독된다"[*]라고 말했다.

비록 우리가 하나님을 향해 죽었을지라도 우리는 이 세상에 대해 아주 생생하게 살아있다. 우리의 오감은 우리의 영혼을 육체적인 것들에 연결시킨다. 이것이 나쁜 것은 아니다. 그러나 영적으로 깨어 있지 않다면 우리의 타락한 마음은 단지 감각에만 즐거움을 줄 수 있는 쾌락을 추구하여 보이지 않는 하나님으로부터 완전히 떨어지게 된다.

아담과 하와가 하나님께로부터 그들의 눈을 떼고 금지된 열매에 시선을 두었을 때 이것이 일어났다. 그들은 "보암직"한 것을 보았고(창세기 3장 6절), 그들은 그들에게 정당하게 속하지 않은 것들에 대해 탐내게 되었다. 아담과 하와는 금지되었던 단 한 가지를 맛보고 경험**했기** 때문에 그들은 비참함으로 떨어졌다. 행복을 추구하려 했을 때 그들은 창조된 첫 날 타락

***

[*] Thomas Aquinas, *Summa Theologica, in Great Books of the Western World*, vols. 19-20, trans. Fathers of the English Dominican Province, rev. Daniel J. Sullivan (Chicago, Ill.: Encyclopedia Britannica, 1952), II-II, q. 35, art. 4, ad. 2.

하게 되고 비참하게 되었다. 하나님과 그들의 관계는 파괴되었고 이와 같이 하나님과의 단절은 그들과 인류 전체에 불만족을 가져다주었다. 그 이후로 인류는 비참하게 되었고 오래전에 잃어버린 행복을 찾는 데 실패해 왔다. 사람들은 이 세상의 껍데기 영광으로 인해 하나님의 영광에 눈이 가려졌다.

보고 맛보고 느끼고 냄새 맡고 듣는 것은 육신의 욕구들이다. 그러나 이러한 욕구들은 우리 마음의 욕망을 결코 누그러뜨릴 수 없다. "눈은 보아도 족함이 없고 귀는 들어도 가득 차지 아니하도다"(전도서 1장 8절). 그 까닭은 이 세상의 감각적인 것들은 그 본질과 그 자체가 영혼의 바람들을 만족시키기 위해 만들어지지 않았기 때문이다. 비록 이러한 것들이 우리의 육체에게 순간적인 즐거움을 줄 수 있지만 우리를 내면의 영원한 행복의 근원이신 하나님께 이끌어 갈 수 없다. 더욱이 육체의 욕망을 따라가는 인생은 육체적인 것들을 향한 욕구만 키울 뿐이다. 우리가 이 세상의 것들로부터 만족을 찾으면 찾을수록 우리는 이 세상에 더 불만족하게 될 것이다. 우리는 절대 충분할 수 없다(잠언 27장 20절).

포르노를 보는 것이 만족을 주는 것 같이 보이지만 후에 이것은 우리 안에 더 큰 갈망과 불만족만을 낳을 뿐이다. 소금물을 마시는 것과 같이 이 세상의 즐거움은 우리를 더 목마르게 만들 뿐이다. 불에 기름을 붓는 것은 불길을 더 크게 할 뿐이다. 그리고 우리는 우리의 욕망들에 먹이를 줌으로써 만족을 모르는 욕구를 키우고 있을 뿐이다.

그러나 이것이 최악은 아니다. 죄의 기쁨은 단지 짧게 지속한다. 그러나 그 비참한 결과들은 영원히 계속 남아 있을 수 있다. 신용카드를 긁는 것은 재미있지만 카드빚을 내는 것은 즐겁지 않다. 겉보기에는 로큰롤의 삶이 신나 보일 수 있지만 번쩍이는 조명들이 꺼지고 팬들이 집으로 돌아간 후에 남는 건 중독들과 깨어진 가정들이다. 치명적인 갈고리는 항상 빛나는 미끼 안에 감춰져 있다. 우리는 우리가 덫에 걸리지 않고 아주 매혹적인 유혹을 즐길 수 있다고 생각한다. 우리는 중독 없이 마약을 할 수 있다고 생각한다. 그러나 즐거움의 순간은 곧바로 영원히 남는 흉터로 바뀐다. 진실로 결국 "사악한 자의 길은 험하니라"(잠언 13장 15절). 우리가 추구하는 것이 무엇이든 상관없이 우리가 그리스도를 거절하는 한 우리는 영원한 행복을 순간의 기쁨과 바꾸고 있는 것이다.

이기심 안에서 찾지 못한다

즐거움을 추구하는 인생은 자기 자신을 위한 인생이다. 우리 육체의 욕구들은 우리 육체의 만족만을 채워줄 수 있다. 이는 이기심이 육체의 일들, 즉 식욕과 탐심과 질투와 같은 것으로 인해 분명히 드러나는 이유이다. 이기심은 또한 우리가 서로 언쟁하고 싸우고 전쟁을 하는 이유이다(야고보서 4장 1절). 장난감 상자 안에 수천 개의 레고 조각을 가진 아이들이 왜 한 조각을 두고 다투는가? 도둑들은 왜 훔치는가? 배우자들은 왜 바람을 피우는가? 사람들은 왜 서로에게 상처를 주는가? 그 까닭은 그들이 자신들이 가지고 있지 않은 것을 갈망하기 때문이다. 그들은 이기적이고 타락하여 하나님의 영광에 눈이 가려 있다. 그들은 자신들의 욕망에 먹이를 주는 것이 행복에 이르는 길이라고 믿는다. 그러나 식욕, 탐욕, 질투는 자신들이 비참하다는 것을 뼈저리게 느끼고 있다는 증거이다.

하나님을 제외한 그 어디에서도 찾지 못한다

불만족은 우리로 하여금 다른 사람과 다투도록 할 뿐만 아니라 우리로 하여금 하나님께 반항하도록 한다. 하나님의 은혜 없이 우리는 하나님을 사랑하지 못한다. 우리는 하나님을 필요로 한 상태이지만 하나님을 원하지 않는다. 이 세상의 껍데기 영광으로 인해 우리는 하나님의 영광에 눈이 가려져 있다. 우리는 이 세상의 것들을 추구하는 것을 멈추길 원치 않기 때문에 우리의 온 마음을 쏟아 하나님을 추구하는 것에 그 어떤 관심도 없다. 그 까닭은 헨리 스쿠걸Henry Scougal에 따르면 "모든 사람은 행복을 추구한다. 이 세상의 대부분이 여전히 비참하기"* 때문이다.

우리는 오직 하나님 안에서만 행복을 찾을 수 있다. 조나단 에드워즈Jonathan Edwards에 따르면 "하나님께서 우리 영혼을 만족시킬 수 있는 유일한 행복이시다."** 그리고 C. S. 루이스c.s. Lewis는 "하나님께서는 하나님 자신에게서 떠나 있는 우리에게 행복과 평안을 주실 수 없다. 그 까닭은 그곳에는 행복이 없기 때문이다. 그곳에는 그러한 것이 전혀 없다"***라고 말한다. 그러나 하나님께 나아가기 위해서 우리는 다른 모든 것, 심지어 우리 자신조차도 내려놓아야 한다(마태복음 19장 29절). 우리는 반드시 우리 온 마음과 온 뜻과 온 힘을 다하여 하나님을 추구

---

* Henry Scougal, "The Fourth Reflection," in *The Works of Henry Scougal* (Morgan, Pa.: Soli Deo gloria, 2002), 261.

** Johnthan Edwards, "The True Christian's Life a Journey towards Heaven," in *The Works of Jonathan Edwards, Volume 17, Sermons and Discourses*, 1730-1733, ed. Mark Valeri (New Haven, Conn.: Yale University Press, 1999), 437; *The Works of Jonathan Edwards Online*, edwards.Yale.edu.

*** C. S. Lewis, *Mere Christianity* (New York: Touchstone, 1996), 54.

해야 한다.

하지만 이것이 문제이다. 우리의 이기심은 우리가 바보 같은 우상들을 내버리게 하질 않는다. 비록 죽음이 확실하지만 우리는 하나님 안에서 영원한 행복을 찾는 것보다 단 10분의 즐거움을 얻고자 한다. 우리는 우리가 지킬 수 없다는 것을 아는 것들을 포기하기보다는 영원히 비참한 상태로 있으려 한다. 루이스는 다음과 같이 말했다. "우리 주님께서 우리의 욕망들이 너무 강한 것이 아니라 너무 약하다는 것을 아시는 것 같다. 바닷가에서 휴가를 보내는 것이 무엇인지 상상할 수 없기 때문에 진흙파이를 만들러 가길 원하는 무지한 빈민가 아이와 같이 우리에게 무한한 기쁨이 주어질 때, 우리는 술과 섹스와 야망을 멍청하게 만지작거리고 있는 모자란 피조물이 된다. 우리는 별것 아닌 것으로 좋아한다."*

작은 구멍이 있는 한 나무 상자에 반짝이는 물건을 넣어 두면 사람과 같은 손을 가지고 있는 너구리들은 덫에 걸리게 된다. 왜냐하면 너구리들은 호기심이 많기 때문이다. 이 나무 상자로 너구리들을 잡으려면 그 구멍은 너구리의 손이 비집고 들

---

* C. S. Lewis, *The Weight of Glory: And Other Addresses* (New York: HarperOne, 2001), 26.

어갈 만큼 충분히 크면서도 상자 안에 있는 빛나는 물체를 잡은 후에 쥔 손을 뺄 수 없을 만큼 작아야 한다. 만약 너구리들이 그 물체를 놓는다면 그 손을 빼고 자유롭게 될 수 있다. 그러나 너구리들은 단지 호기심이 많은 것이 아니라 고집이 세다.

그리고 이것은 우리와 같다. 우리는 우리 손아귀에 쥐고 있는 가짜 금을 놓지 못해서 우리 자신만의 비참함이라는 새장에 계속 갇혀 있다. 젊은 부자 관원은 예수님을 따르길 원했지만 자신의 부를 포기하기 싫었다. 그리고 그 젊은 관원은 자신의 재산을 지켰지만 근심하게 되었고 슬퍼하였다(마가복음 10장 22절). 당신이 계속 붙잡도록 현혹시키는 것은 무엇인가? 그것이 무엇이든 간에 그럴 만한 가치가 없다. 그것 없이 행복할 수 없다고 생각할 수 있지만 바로 그것이 당신을 행복하지 못하게 하고 있는 것이다.

두 주인을 섬기는 것은 불가능하기 때문에 모든 우상은 반드시 버려져야 한다. 그리스도께서는 이것을 사랑하는 것은 저것을 미워하는 것이라고 말씀하셨다(마태복음 6장 24절). 즉 우리가 이 세상을 소중히 여긴다면 우리는 그리스도를 소중히 여길 수 없다. 그리스도께서는 계속해서 "누구든지 나를 따라오려거든 자기를 부인하고 자기 십자가를 지고 나를 따를 것이니라 누구든지 제 목숨을 구원하고자 하면 잃을 것이요 누구든지 나를 위하여 제 목숨을 잃으면 찾으리라"라고 말씀하셨다(마태복음 16장 24-25절). 헨리 스쿠걸에 따르면 "세상에 대한 사랑과 하나님에 대한 사랑은 한쪽이 내려가면 한쪽이 올라가는 양팔저울과 같다."* 우리는 그 우상들의 헛됨을 보기 전까지 우리의 우상들을 포기하지 않으려 한다. 그리고 찰스 스펄전Charles Spurgeon은 이같이 말했다. "우리가 다른 모든 것이 헛되다는 것을 배우는 것만큼 창조주의 존귀에 대해서 가르쳐 주는 것은 없다."**

만약 우리가 이 세상을 위해 산다면 우리는 이 세상에 만족하지 못할 것이다. 만약 우리가 헛되고 만족을 줄 수 없는 것들을 위해 산다면 만족하는 것은 불가능하다. 하지만 만약 우리의 행복이 주님 안에 있다면 우리는 하나님께서 우리에게 주시는 물질적 복들을 참으로 누릴 수 있다. 모든 것을 하나님께 내려놓은 사람은 저녁식사로 스테이크도 즐길 수 있고 핫도그도 즐길 수 있다. 그 까닭은 그들은 작은 것에도 만족하고 풍족한 것에도 만족하기 때문이다. 악인은 여전히 부족하고 (잠언 10장 3절) 의인은 그 식욕을 만족시키기에 충분하다고(잠

---

* Scougal, *Life of God in the Soul of Man*, 90.
** Charles Spurgeon, *Evening by Evening*, revised
   and updated by Alistair Begg (Wheaton, Ill.:
   Crossway, 2007), 339.

언 13장 25절) 말하는 솔로몬 왕은 참으로 옳았다.

이 세상의 것들을 충분히 즐기는 유일한 방법은 이 세상의 것들 없이도 행복하게 사는 마음을 갖는 것이다. 한 사람의 인생이 이 세상의 것들에 얽매여 있지 않을 때 이 세상의 것들은 더 이상 저주가 아니라 축복이다. 헨리 스쿠걸은 다음과 같이 설명한다.

하나님 안에서 즐거움을 찾는 사람은 모든 상황에서 즐거움을 찾을 것이다. 우리가 일시적인 즐거움들 안에서 신령한 선을 맛보고 그것들이 하나님의 사랑의 표라고 여길 때 일시적인 즐거움들은 더 즐거운 것이 될 것이다.*

예를 들어 사도 바울은 비참할 수 있는 모든 조건을 가졌다. 심지어 살지 죽을지도 알지 못한 채로 감옥에 갇혀 있었을 때조차 그는 크게 기뻐했다(빌립보서 1장 18절). 그 까닭은 그의 기쁨은 그 자신이나 이 세상의 것들이나 이 땅의 즐거움에 있었던 것이 아니라 하나님 안에서 뿌리내리고 있었기 때문이다. 바울은 만족하는 비결이 하나님의 영광을 위해 사는 것이라는 사실을 알았다(빌립보서 4장 11-12절).

그리고 바울과 같이 "내게 사는 것이 그리스도니"라고 말

---

* Scougal, *Life of God in the Soul of Man*, 52.

할 수 있을 때에만 우리 또한 "죽는 것도 유익함이라"라고 말할 수 있을 것이다(빌립보서 1장 21절). 우리는 모든 것을 잃을 수 있다. 심지어 생명도 잃을 수 있지만 우리는 여전히 즐거워할 수 있다. 우리의 보물을 천국에 둘 때 이 땅의 그 어떤 상황도 우리에게서 우리의 기쁨을 빼앗아 갈 수 없다(마태복음 6장 20절). 건강도 질병도 부도 가난도 생명도 죽음도 참 행복을 퇴색되게 할 수 없다.

당신은 행복한가? 만약 그렇지 않다면 모든 것을 그리스도께 돌려라. 만약 당신이 그리스도인이 아니라면 주 예수님 찾기를 거절하는 한 당신이 찾고 있는 기쁨을 절대 얻을 수 없을 것이다. 만약 그리스도인이라면 당신의 불만족은 그리스도께 눈을 감았기에 그런 것이다.

여하튼 우리는 매일 육체를 십자가에 못 박아야만 하고 우리의 모든 욕망들을 그리스도의 주 되심에 복종시켜야 한다. 우리에게서 결코 얻을 수 없는 것을 얻기 위해서 우리는 반드시 우리의 재정, 우리의 경력, 우리의 결혼, 우리의 인생을 내려놓아야 한다. 우리는 반드시 헨리 스쿠걸과 같이 생각하고 기도해야 한다. "오, 하나님, 나는 확신합니다. 나의 육체적이고 타락한 감정들과 내 마음의 자존심과 허영이 억제되기 전까지 그리고 이 세상을 진심으로 하찮게 보고 나 자신을 아무것도 아니라고 생각하기 전까지 결코 행복할 수 없을 것입니다."*

주님께 인생을 완전히 내려놓은 사람들은 형언할 수 없고 영광으로 가득한 기쁨을 발견한다. 청교도 윌리엄 거널William Gurnall은 다음과 같이 경고했다. "오, 우리의 이익, 즐거움, 명예에 곁눈질하는 것에 주의하라. 그리스도와 천국에 미치지 못한 모든 것에 곁눈질하는 것에 주의하라. 선지자가 말했던 포도주와 여인과 같은 그것들이 당신의 마음을 강퍅하게 할 것, 즉 우리의 사랑을 빼앗을 것이기 때문이다. 만약 우리의 사랑이 빼앗기면 그리스도를 향한 용기는 거의 남지 않게 될 것이다."**

결론

결국 행복을 찾기 위한 우리의 물음의 답은 무엇인가? 우리를 만족시켜 줄 수 없는 것을 위해 애쓰고 고생하는 것에서는 결코 행복을 찾지 못한다(이사야 55장 2절). 오히려 우리의 온 마음으로 그리스도만을 구할 때 우리는 참 만족을 얻을 수 있다

---

* Scougal, *Life of God in the Soul of Man*, 65.
** William Gurnall, *The Christian in Complete Armour* (Edinburgh: Banner of Truth, 1995), 1:18.

(예레미야 29장 13절). 그리스도께서는 반드시 우리의 보물, 우리의 추구, 우리의 모든 것이 되어야 한다. 그리고 그리스도를 찾은 사람들은 그리스도가 충분하다는 것을 발견한다. 하나님의 순수한 영광만이 우리 마음의 구멍을 채우기에 충분하다. 우리는 행복을 추구하도록 지어졌지만 행복은 오직 하나님 안에서만 찾을 수 있다. 하나님이 주 되신 사람은 행복하다(시편 33편 12절).

3

목적을 추구하는 삶

그녀에게는 모든 새로운 날들이 어제와 같았다. 매일, 매년, 그녀는 같은 일을 했다. 밤에 제대로 잠들지 못하고 뒤척이다가 그녀는 침대에서 몸을 일으켜 거실에 있는 의자로 가서 TV를 켜고 그 밤에 잠들기를 기다린다. 다음 날에도 같은 일상을 반복할 뿐이다. 2년 동안 한 달에 한 번 정도 나는 그녀를 방문했다. 나와 피자 배달부를 제외하면 그녀에게는 자신을 보러 오는 사람이 단 한 명도 없다. 그녀는 혼자 살고 있었고 단 한 명의 친구도 없었고 가족과 관련한 그 어떤 일도 하려 하지 않았다. 그녀의 인생에서 있는 일이라고는 단 하나, TV를 보는 일뿐이었다. 당신이 상상할 수 있는 것처럼 그녀는 우울했고 비통했으며 비참했다. 그녀의 비참함 이면의 문제는 그녀가 자신의 인생을 낭비하고 있다는 것을 알고 있다는 것이다. TV를 보는 것을 즐길 수는 있지만 가치 있는 그 어떤 것도 성취하지 못한다. 사실 TV를 위해 사는 것은 진짜 목적을 그녀에게서 빼앗는 것이었다.

TV를 보는 것이 당신 인생의 전부라면 당신은 행복하겠는가? 그러나 당신의 인생은 얼마나 다른가? 어쩌면 TV를 더 적게 볼 수도 있지만 당신의 인생을 더 가치 있게 만드는 것은 무엇인가?

만약 이것이 충분히 안타까운 예가 아니라면 또 다른 예가 있다. 이전에 폐기종으로 죽어 가고 있는 한 여성을 상담해 달라는 요청을 받았다. 그녀는 살 날이 얼마 남지 않았다. 그녀가 죽기 며칠 전 그녀와 함께 있을 때 그녀는 바로 내 눈 앞에서 말도 안 되는 짓을 했다. 그녀는 담배에 불을 붙이고 목에 뚫린 기도 구멍으로 담배 연기를 폐까지 깊이 빨아들였다.

담배가 그녀를 죽이고 있다는 것을 알고 있었기에 왜 담배를 끊지 못하느냐고 그녀에게 물었다. 그녀는 "나는 담배 말고 살아갈 다른 이유가 없습니다"라고 솔직하지만 아주 한심한 답을 했다. 당신은 그녀의 목소리에 묻어나는 그 슬픔을 듣고 그녀의 눈에 담긴 절망을 볼 수 있을 것이다. 그녀에게 인생의 목적은 담배를 태우는 것이었기 때문이다. 그녀가 인생을 살아가는 목적은 자신을 죽이는 것이었다.

얼마나 슬픈가! 그러나 이것은 대부분의 사람들에게도 그렇다. 우리는 담배를 피우기 위해 살지는 않겠지만 말초적인 다른 즐거움을 위해 살아가고 있다는 것은 얼마나 다르겠는가? 우리가 죽음의 자리에 누워 있을 때 우리가 본 모든 영화들을 돌아보고 자랑스러워할 것인가? 우리가 먹은 치즈볼 봉투들을 돌아보고 자랑스러워할 것인가? 사도 바울은 "하나님의 나라는 먹는 것과 마시는 것이 아니요 오직 성령 안에 있는 의와 평강과 희락이라"라고 기록한다(로마서 14장 17절). 그렇다고 TV를 보는 것이 하나님 나라도 아니다.

목적 없는 인생은 의미가 없다. 그리고 우리 가운데 단 한 사람도 의미 없는 인생에 대해 생각할 수 없기 때문에 우리는 목적을 갈망한다. 우리는 우리의 인생이 의미하는 것을 알기를 원한다. 우리는 단지 의미만을 찾고 있는 것이 아니라 우리의 가치를 우리 자신과 다른 사람들에게 증명하려 한다. 우리는 우리의 인생이 TV를 보고 담배를 피우는 것보다 더 가치 있는 어떤 것을 위한 것인지 알기를 원한다. 우리는 우리가 시간을 낭비하고 있는 것이 아니라는 사실을 알기를 원한다. 우리는 가치 있는 인생을 원한다. 우리가 좋아하든 그렇지 않든 의미와 목적을 추구하고자 하는 마음이 우리 모두 안에 있다.

우리가 하는 모든 일 안에서 의미를 찾아라

우리 자신의 정체성과 목적은 우리가 하는 일에서 찾을 수밖에 없다. 우리는 어렵지 않게 직업이 내가 누구인지를 결정하게 한다. 나는 누구인가? 당신이나 내가 "나는 물리 선생님입니다" 혹은 "나는 예술가입니다"라고 하는 대답이 우리가 누구인지를 결정하는 한 방식이다. 그 까닭은 우리 대부분은 우리가 하는 일에서 자신이 누구인지와 자신의 가치를 찾으려고 하기 때문이다. 이러한 결정이 완전히 나쁜 것은 아니지만 우리의 직업이 아무리 고귀하다 할지라도 그 어떤 직업이나 취미가 우리에게 궁극적인 목적을 제공해 줄 수는 없다. 궁극적인 목적은 오직 하나님 안에만 있다.

우리가 하나님을 위해 살기를 거절할 때 우리는 인생의 목적이 아무것도 없다는 것을 깨닫는 것 말고는 할 수 있는 것이 아무것도 없다. 독일 철학자 프리드리히 니체Friedrich Nietzsch가 주장하는 것처럼 만약 하나님께서 죽으셨다면 우리는 사람의 목적도 죽었다고 결론 내릴 수밖에 없다. 솔로몬이 이전에 그랬던 것처럼(전도서 1장 12-18절) 프랑스의 노벨 문학상 수상자인 알베르 카뮈Albert Camus는 인생의 허무에 대한 결론에 이르게 되었다. 그의 철학적 수필 시시포스의 신화The Myth of Sisyphus에서 그는 인생을 무거운 바위를 지고 기어 올라갈 수밖에 없는 가파른 산에 올라가는 저주를 받은 시시포스의 옛 신화에 비유했다. 그가 그 목표에 다다르면 다다를수록 그 과정은 더 어려워졌다. 결국 그것은 불가능했다. 그 바위가 자기 뒤로 굴러 떨어지고 산 아래까지 완전히 굴러 떨어지는 것은 그의 노정의 어느 지점에 반드시 일어났다. 절망에 빠져 다시 돌아서서, 돌을 쫓아 내려가면서, 시시포스는 인생에서 자신의 운명은 이 계속되는 과정을 끝도 없이 반복하는 것이라는 사실을 깨달았다.

어려운 일은 이유나 부득불 하게 하는 동인이 있을 때 감당할 수 있다. 그러나 그 일이 무의미하게 되면 남는 것은 절망이다. 인생과 인생의 무의미한 고생 그 모든 것은 헛된 것이 된다. 우리는 내일을 위해 살고 소망한다. 그러나 내일은 우리를 죽음에 더 가까이 데려다줄 뿐이다.

　예를 들면 한 봉사단체가 상처 입은 바다사자를 몇 달 동안 건강을 회복하도록 돌보았다면 이후에 그들은 스스로 자부심을 느낄 것이다. 나는 바다사자가 바다로 돌아가는 감격스러운 날을 영상으로 본 것을 기억한다. 그 자리에 있는 뉴스 카메라들과 관중들 모두는 이 사랑스러운 동물에게 환호성을 질렀다. 하지만 자유롭게 된 순간 모든 박수가 멈췄고 모든 것이 조용해졌다. 상어가 순식간에 삼켜 먹어 치웠다. 자유의 순간처럼 보인 그 일이 완전한 실패가 되어 버렸다.

　그러나 바다사자가 건강을 회복하도록 돌보는 데 낭비된 노력은 우리의 모든 수고를 가리킨다. 우리의 노력들이 단지 조금의 시간만을 더 벌 수 있을 뿐이라는 사실을 알지만 우리는 집을 다시 개조하고 도로들을 수리하고 생명들을 구한다. 우리가 행하는 모든 일은 곧바로 실패로 돌아가고 영원히 잊힐 것이다.

　몇몇 사람들은 자신들의 인생을 TV를 보는 것에 쏟고 몇몇은 자신들의 경력을 쌓는 일에 쏟는다. 그러나 성공한 인생은 결국에 사라져 버리게 되는 어떤 일을 성취하는 것으로 결정되는 것이 아니다. 머지않아 모든 바다사자는 반드시 죽는다. 한마디로 우리가 우리의 수고의 유익이 더 이상 쏟아야 할 가치가 없다고 느끼는 순간 우리는 일을 하려고 하지 않을 것이다. 그러나 만약 인생이 가치 없다면 카뮈가 말하는 것처럼 왜 굳이 살아야 하는가?

대부분의 사람들은 포기하고 게으름에 무릎 꿇으라는 유혹을 받는다. 그러나 게으름은 무가치함을 더욱 깨닫게 할 뿐이다. 게으름 피우는 것은 쉽다. 우리가 해야만 하는 모든 일은 아무것도 하지 않는 것이다. 적지 않은 시간 동안 나는 체육관까지 걸어가서 나에게 "나는 오늘은 게으르지 않았다"라고 말하고 내 차로 바로 돌아왔다. 소파에 기대 과자를 먹으면서 TV를 잠깐 보는 것은 재미있다. 그리고 누가 잠자는 것을 싫어하겠는가?

며칠간의 쉼은 유익하지만 매일 아무 일도 하지 않는 것은 무가치함을 느끼게 할 것이다. 게으름은 당장은 쉽고 재미있지만 후에는 공허함을 느끼게 한다. 도넛을 박스째로 먹으면서 이리저리 굴러다니는 것은 재미있을 수 있지만 자기 전에 늘어난 뱃살과 후회 말고는 아무것도 남는 것이 없다(잠언 6장 9-11절).

게으름은 우리가 애써 번 돈을 쓸데없는 것에 날려 버리는 것과 같다. 게으름은 잠깐 동안은 좋지만 이후에 우리는 괜한 낭비에 후회하고 우리의 돈과 시간을 더 지혜롭게 써야겠다고 다짐한다. 잠을 너무 많이 자는 것과 몇 십만 원을 여기저기에 써버리는 것은 같은 일이다. 그러나 우리가 우리의 인생 전체를 낭비하고 있다면 어떡하나? 하나님께서 우리에게 주신 것들을 어떻게 썼는지 물으실 때 우리는 어떤 기분일까?

20대 중반에 아직도 부모님과 함께 살면서 하루 종일 게임을 하고 있다면 대부분의 남자들이 비참함을 느끼는 것은 당연하다. 그들이 느끼는 최고의 감정은 기록적인 시간 안에 최고 난이도를 깰 때이다. 그리고 벤앤제리스Ben&Jerry's의 'Chubby Hubby'맛 아이스크림을 먹으면서 멜로드라마를 하루 종일 보며 집에서 빈둥거리는 대부분의 여성들이 자신에 대해 쓸모없다고 느끼는 것은 놀랄 일이 아니다.

콜로라도Colorado에서 스노보드를 타면서 한 젊은 남성을 만났다. 그는 브레켄리지Breckenridge로 이사 와서 매일 스키를 탈 수 있었다. 나는 그가 허풍을 떨며 "나의 인생이 당신의 휴가와 같이 되길 바란다"라고 말한 것을 기억한다. 그는 내가 부러워할 것이라고 생각했을지 모르지만 나는 그를 안타깝게 생각하면서 헤어졌다. 분명 그는 시간을 죽이러 갔을 것이다. 그가 자신의 마음을 잡고 직업을 구하지 않는 한, 시간을 죽이는 것이 그가 그의 인생에서 이루는 전부가 될 것이다.

운동선수들은 참가상을 보상으로 받고 패배의 고통을 피할 수 있는 것보다 피땀 흘려 훈련하고 경쟁자들을 넘어선 후에 승리의 황홀감을 더 느낀다. 모든 사람이 승리를 얻는다. 우리의 문화는 열심히 훈련한 사람들에게 그 노력의 결실을 즐기게 하는 것 대신에 그 부를 훔치고 노력을 하지 않은 사람들에게 주길 원한다.

게으름에 대한 보상은 단 한 사람에게도 선하지 않다. 하나님께서는 "누구든지 일하기 싫어하거든 먹지도 말게 하라 하였더니"라고 말씀하신다(데살로니가후서 3장 10절). 우리는 우리의 손으로 일을 해야만 한다(데살로니가전서 4장 11절). 이는 하나님께서 우리를 게으르게 창조하지 않으셨기 때문이다. 태초에 하나님께서는 우리를 일하도록 창조하셨다. 열심히 일하도록 창조하셨다(창세기 2장 15절).

아담과 하와에게는 그 동산 안에서 책임져야 할 일들이 주어져 있었다. 인생은 먹는 것과 마시는 것과 결혼하는 것 그 이상을 의미한다. 하나님께서는 성취할 책임들을 사람들에게 주셨고 이러한 책임들은 그들에게 의미와 목적을 주었다. 즉, 성취할 가치가 있는 것을 주었다.

일은 우리에게 목적의식을 준다. 나는 미루는 것을 좋아하는 편이지만 그 못지않게 정원 가꾸는 일도 좋아한다. 이 좋은 일을 할 때 나는 자부심을 갖는다. 나는 인도 가장자리를 치고 관목들을 다듬고 잔디 깎는 기계로 집과 뒷마당 울타리 주변을 정리한다. 일을 끝냈을 때 비록 피곤하지만 아주 잘 정돈된 모습을 보면 기분이 좋다. 어떤 일을 성취하고 나서 밤에 잠자리에 드는 것이 훨씬 더 좋게 느껴진다.

더욱이 그 일이 힘들고 어려울수록 우리는 더 큰 성취감을 느낀다. 아칸소Arkansas에 있는 가장 높은 산, 네보Nebo 산을 오르는 것은 에베레스트 산 정상에 올라가는 것과 같지 않다. 역경을 헤쳐 가는 인생을 사는 것은 어렵지만 인생을 쉽게 사는 것보다는 분명 더 큰 보상이 있을 것이다. 이것이 우리가 건성으로 일하지 않고 온 힘을 다해 일하는 이유이다(전도서 9장 10절, 골로새서 3장 23절).

우울한 사람이 할 수 있는 가장 좋은 치료법들 가운데 하나는 그들 자신과 그들의 문제들에서 신경을 *끄고* 그들 자신과 그들의 필요를 돌보기 위해서 열심히 일하는 것이다. 하루 종일 TV를 보는 나의 친구는 나의 충고에 전혀 귀를 기울이지 않았다. 그녀는 운동하기 위해 전혀 밖에 나가지 않았고 가족과 화해하려고 시도조차 하지 않았고 순간보다 더 가치 있는 일들을 위해 살아가려고 전혀 애쓰지 않았다. 그래서 계속해서 소파에 파묻혀 있었을 뿐만 아니라 비참함에도 파묻혀 있었다.

인생에는 농부나 건설 노동자나 사장이나 주부와 같은 좋은 직업들이 많다. 그러나 하나님의 영광을 위해 행해지지 않는 모든 일은 쓸모없게 되는 일이다. 심지어 우리가 죽고 사라진 후에 우리의 일이 다른 사람들에게 유익이 될지라도 조만간 이 세상은 멸망하고 오직 그리스도를 위해 행해진 일만이 영원할 것이다.

하나님의 영광에 미치지 못한 인생은 헛된 인생이다. 어떤 의미에서는 모든 인생이 정말 가치 있다는 것은 사실이다. 하나님의 형상으로 만들어졌다는 것은 사람의 인생을 격상시킨다. 그러나 이 본질적인 가치는 헛된 인생을 더욱더 악한 것으로 만든다. 만약 우리가 하나님을 위해 살아가지 않는다면 우리의 본질적인 가치는 헛되게 된다. 부자로 태어난 사람이 무일푼으로 죽은 경우와 같이 하나님의 영광을 위해서 살지 못한 사람들은 전혀 가치가 없고 아마도 그들은 태어나지 않았다면 더 좋았을지도 모른다(마태복음 26장 24절).

우리가 가진 것 안에서 의미를 찾아라

만약 우리가 하나님의 영광을 위해 살지 못한다면 우리는 이 세상의 영광을 구하는 처지로 전락할 것이다(요한복음 12장 42-43절). 또 우리는 어떤 확실한 것을 찾을 것이다. 이것이 나쁜 일은 아니지만 우리가 하나님을 기쁘시게 하는 것에 신경을 쓰지 않는다면 어쩔 수 없이 우리는 다른 곳에서 영광을 찾느라 애쓸 수밖에 없게 될 것이다.

거절의 상처와 지지받지 못한 상처가 또래 집단의 압력에 쉽게 굴복하는 이유이다. 우리는 자신이 중요하게 여겨지는 것을 느끼길 원하기 때문에 사람들의 칭찬을 아주 좋아한다. 누가 사랑받는 것을 좋아하지 않겠는가? 누가 정당히 인정받는 것을 원하지 않겠는가? 나도 내가 그렇다는 것을 안다. 우리는 다른 사람들의 시선들에 대해 관심이 많기 때문에 이웃과 좋은 관계를 유지해야 한다는 유혹을 받는다. 우리는 멋진 것을 가진 다른 사람을 시기하기 때문에 우리가 멋진 것을 가진다면 다른 사람들도 우리를 질투할 것이라고 생각한다. 그러므로 다른 사람들이 우리를 질투한다고 생각할 때 우리 자신들에 관하여 우리는 더 좋게 느낄 수 있다.

결론적으로 물질적인 것들에 대한 우리의 열망은 종종 다른 사람들의 부러움을 사겠다는 우리의 욕구에 의해 자극을 받는다. 자동차 생산 회사들은 이러한 심리를 아주 정확히 알고 있다. 거의 모든 자동차 광고의 목적은 우리가 새 차를 타는 것을 다른 사람에게 만족스럽게 자랑하는 것을 상상하게 하여 불만족을 불러일으키는 것이다. 광고들은 새 자동차를 소유한 사람의 기쁨보다 이웃의 질투에 초점을 맞춘다. 다른 사람들에게 우쭐거리기 위해 차를 구입하는 것을 누가 싫어하겠는가? 그렇기에 이러한 광고의 행태가 잘 먹힌다.

우리는 보통 비싼 것을 사는 것이 우리의 인생에 더 큰 가치를 준다고 생각하기 쉽다. 정해진 가격이 높으면 높을수록 우리 자신의 가치가 올라간다는 식으로 생각이 흘러간다. 이것은 우리 대부분이 자신의 정체성을 우리가 몰고 다니는 차에 두기 때문이다. 다른 사람이 우리가 새로운 SUV를 타고 다니는 것을 쳐다볼 때 아주 자연스럽게 더 똑바로 앉게 된다. 그리고 만약 우리가 새 차를 살 수 없는 형편이라면 우리는 우리 자신의 가치를 비싼 옷에라도 두고 싶은 마음이 든다.

하지만 이 세상의 영광은 빛이 바랜다. 고급스러운 SUV가 중고차 매장에서 구입한 낡아 빠진 스테이션 왜건보다 얼마나 더 크고 영원한 가치가 있는가? 값비싼 새 옷 한 벌이 지역 중고 할인 매장의 낡은 옷보다 더 영원한 가치가 있는가? 아니다. 결국 우리가 죽은 후에 우리가 몰던 자동차나 뽐내던 옷들은 중요하지 않게 될 것이다.

주 예수님께서는 "삼가 모든 탐심을 물리치라 사람의 생명이 그 소유의 넉넉한 데 있지 아니하니라"(누가복음 12장 15절)라고 우리에게 경고하셨다. 한 예가 있다. 제인 파크스Jane Parks라는 젊은 스코틀랜드 여성은 로또로 백만 유로를 손에 넣었고 자신이 아주 운이 좋았다고 생각했다. 하지만 그녀는 4년 후에 자신의 집을 구입하고 보라색 레인지로버를 사고 애완동물로 치와와를 분양받은 후 다음과 같은 글을 남겼다.

로또에 당첨되고 싶어한 그 시점부터 나의 인생은 망해 갔다. 로또가 나의 인생을 10배나 더 좋게 만들어 줄 것이라고 생각했지만 로또는 나의 인생을 10배나 더 나쁘게 만들었다.

돈이 없었으면 좋겠다.

나는 "로또에 당첨되지 않았다면 나의 인생은 훨씬 쉬웠을 것이다"라고 스스로에게 말한다. 사람들은 나를 바라보며 "그녀의 생활, 그 돈을 갖고 싶다"라고 생각한다. 그러나 그들은 나의 스트레스가 어느 정도인지 알지 못한다. 나는 물질적인 것들을 가졌지만 그것 말고는 나의 인생은 아무것도 없다. 인생에서 나의 목적은 무엇인가?[*]

제인 파크스는 정말로 "사람의 생명이 그 소유의 넉넉한 데 있지 아니하니라"(누가복음 12장 15절)라는 말씀의 생생한 예이다.

우리가 소유한 물질 안에서 영광과 행복과 정체성을 찾을 때 우리는 공허를 느낄 뿐이다. 우리의 소망을 사라질 것들에 두는 순간 우리는 우리의 영광과 행복과 정체성 또한 사라질 것이라는 사실을 깨달을 뿐이다. 집과 차와 옷이 얼마나 값비싼지에 상관없이 우리는 그것들이 하나님 안에서만 발견되는 영원한 영광에 비하면 싸구려 대체품이라는 것을 알게 될 뿐이다.

[*] Catriona Harvey-Jenner, "A 17-Year-Old Girl Won the Lottery, But Says It 'Ruined Her Life,'" Yahoo! Lifestyle, accessed February 15, 2017, https://www.yahoo.com/style/17-old-girl-won-lottery-133614023.html.

자부심과 자기 영광을 얻기 위해서 우리는 어떤 형태로든 외부적인 입증이 필요하다고 생각하기 쉽다. 그리고 만약 우리가 그것을 우리가 행하고 소유한 것 안에서 찾지 못한다면 우리는 우리 안에서 그것을 찾으려 애쓴다. 우리는 행한 것과 소유한 것 안에서 가치를 찾는 것에서 시작하여 단지 살아있다는 것에서 가치를 찾으려 한다.

물웅덩이에 비친 자신의 모습을 보고 자신과 사랑에 빠진 나르시스Narcissus와 같이 우리는 겉으로 비치는 자신의 모습 안에서 목표와 정체성을 찾으려 하기 쉽다. 우리는 스스로 자신을 사랑하는 만큼 다른 사람을 사랑하기보다 오히려 그만큼 다른 사람들이 우리를 사랑해 주길 원한다. 우리는 다음과 같이 스스로 생각한다. "나처럼 매력적이고 잘생겼으면 칭찬 받으려고 에베레스트 산을 올라가지 않아도 된다. 왜 내가 가치 있다고 느끼기 위해서 가치 있는 어떤 일들을 해야만 하는가? 단지 내가 존재하는 것만으로도 세상 전체가 나를 가치 있게 보기에 충분해야만 한다. 하나님께서 단지 내가 존재하는 것만으로도 나를 사랑하시지 않겠는가? 그렇고 말고!"

그래서 우리는 가치 있는 일을 열심히 하고자 하지 않고, 아무 일도 하지 않고 자신들의 가치를 올리는 데 열을 내는 쪽으로 나아간다. 잘난 척하는 사람을 좋아하는 사람은 단 한 명도 없다. 그렇기에 우리는 떠벌리는 것처럼 들리지 않으면서 우리 자신에게 관심을 받게 하는 기술을 익혀 왔다. "행복한"blessed이라고 해시태그를 붙여서 셀피를 올린 것은 허영심이 많은 것이 아니다. 우리에 관해서 다른 사람이 좋은 말을 한 것을 리트윗하는 것은 자기 자랑은 아니다. 젠체하는 이런 모습은 관심을 끌려는 것이고 껍데기 칭찬은 중독되게 한다. 우리는 우리를 비추는 작은 조명 빛이라도 받으면 무명의 그림자 속으로 다시 돌아가기 어렵다.

우리는 소셜 미디어를 통해서 얻은 관심에 쉽게 목을 맨다. 우리는 세상이 우리가 토치스 타코Torchy's Tacos에서 점심을 먹었는지 알고 싶어 죽겠다고 생각해서 우리 인생의 사소한 일들조차 공유하려고 애쓴다. 프로필 사진으로 시작된 것이 주 1셀피 또는 심지어 일일 1셀피로 바뀐다. 그리고 만약 오늘 올린 셀피가 어제 받은 수만큼 "좋아요"를 얻지 못하면 아무리 생각해도 어떻든지 우리의 가치가 조금씩 떨어지고 있다는 생각에 우리는 실망한다.

안타깝게도 우리는 인생의 진짜 목표가 없을 때 칭찬 받을 만한 가치 있는 일들을 하지 않고 허울 좋은 인정만 구하는 데까지 떨어진다. 우리는 본능적으로 우리가 인생을 낭비하고 있는 것을 알고 있고 우리 자신에 대해서도 가치 있게 느끼지 못하기 때문에 계속해서 인정받는 것처럼 보이는 것들을 찾으려 한다.

목적은 오직 하나님 안에서만 발견된다

만약 우리가 온 세상의 인정을 받는다고 할지라도 그것이 우리에게 어떤 영원한 가치를 주는가? 지옥에 있는 사람들이 서로 찬양하고 있다고 생각하는가? 노벨 평화상을 받는 것이 영원한 위안을 얻는 것이라고 생각하는가? 정말로 우리의 가치가 다른 사람들의 어리석고 변덕스러운 말로 결정된다고 생각하는가?

인정을 필요로 하는 것이 문제는 아니다. 사실 하나님께서는 우리 안에 이 필요를 두셨다. 우리는 인정이 필요하지만 우리는 하나님의 인정을 구하도록 창조되었고 오직 하나님의 인정만이 우리의 인생에 영원한 가치를 줄 수 있다. 만약 우리가 그리스도를 소유하려고 애쓰고 있다면 우리가 소유한 것들에서 가치를 찾는 것은 문제가 되지 않는다. 만약 우리가 그리스도를 가진다면 우리는 모든 것을 가진 것이다. 우리는 "그리스도 안에서 하늘에 속한 모든 신령한 복을"(에베소서 1장 3절)받고 있기 때문에 사실 예수님께 어떤 것을 더하지 않아도 전부가 되신다.

우리는 우리 자신의 가치나 사라질 물질적인 것들 안에서 영광을 찾지 않아야만 한다. 맞춤 정장이나 값비싼 보석은 좋은 것이지만 참 명예와 가치를 주는 것에 있어서 그것들은 무가치하다. 진짜 가치, 우리가 찾길 바라는 순수한 영광은 오직 하나님을 아는 것에서부터만 온다. "나는 에어조단IV를 가지고 있다"라고 말하는 것과 "나는 하나님께 속하고 하나님께서 내 안에 계신다"라고 말하는 것은 완전히 다른 것이다. 하나님을 아는 것, 하나님의 친구가 되는 것은 참으로 영광이 깃든 것이다(시편 62편 7절). 이는 참된 정체성과 목표에 우리를 데려다주는 유일한 것이기 때문이다. 마찬가지로 이 영광은 우리가 우리 자신이 아니라 그리스도를 자랑할 때만 발견된다(고린도전서 1장 31절). 이와 같이 하나님께서도 "자랑하는 자는 이것으로 자랑할지니 곧 명철하여 나를 아는 것"이라고 말씀하신다(예레미야 9장 24절).

하나님의 영광을 위해 살아가는 것은 가난한 농부에게도 영원한 가치를 주지만 자신의 영광을 위해 사는 것은 왕의 인생조차 가치 없게 한다. 그리스도를 위한 인생만이 우리에게 참된 목적을 준다. 하나님의 기쁨을 위해 행할 때 주방 바닥을 쓰는 일 같이 아주 사소한 일들이라도 영원한 가치를 갖는다(에베소서 6장 6절).

당신이 포춘 500 Fortune 500* 에 드는 회사의 최고 경영자가 아닐지라도 하나님께 명예와 영광을 드리는 길 안에서 일한다면 당신의 직업은 귀하다. 하나님께 감사한 마음을 가지고 있다면 먹고 마시는 일조차도 당신에게 영원한 영광을 가져다 줄 것이다(고린도전서 10장 31절). 비록 가정주부가 세상에게 무시당하는 느낌을 받고 자신의 가족들에게 인정받지 못한다는 느낌을 받고 하나님의 왕국에 전혀 가치 없다고 느낄 수도 있지만 하나님의 영광을 위해 모든 일을 행하길 애쓴다면 그의 인생은 참되고 영원한 의미를 가진다. 아주 유명한 스타와 같은 이 세상에서의 주인공들이 단역이 될 것이고 존재감 없는 가정주부와 같은 이 인생에서의 단역이 앞으로 올 인생에서 주인공이 될 것이다(마태복음 20장 16절).

더욱이 하나님께서는 주님의 이름으로 준 냉수 한 그릇을 잊지 않으신다(마태복음 10장 42절). 모든 선행은 우리를 따라 영원까지 간다(요한계시록 14장 13절). 우리가 이 세상에서 값없이 행한 모든 것은 천국에서 우리에게 다시 돌아올 것이다. 얼

---

* 포춘 500(Fortune 500)은 미국 경제전문지인 포춘이 매년 발표하는 매출액 기준 미국 최대 기업 500개이다. 세계 최대기업 500개도 발표하는데, 포춘 글로벌 500이라고 부른다. 〈위키백과〉

마나 사소한 일이건 간에 주님께서는 우리가 행한 모든 선행을 기록한 기념책을 가지고 계신다. 심지어 가장 사소해 보이는 일, 예를 들어 하나님에 대한 잠깐의 생각도 하나님께 영원히 기억될 것이다(말라기 3장 16절).

옥합을 깨서 그리스도의 머리에 부었을 때 옥합을 가진 그 여인은 자신의 값비싼 향유를 낭비한 것이 아니다(마태복음 26장 7절). 오히려 그녀의 헌신은 주님께서 영원히 기억하시고 진가를 드러내실 것이다(마태복음 26장 13절). 마찬가지로 하나님의 영광을 위해 행해질 때 **모든 것이** 영원한 가치를 가진다. 바로 이것, 이것만이 우리를 목적으로 이끌어 간다.

결론

이 세상에서 우리는 영원을 위해 살 수 있다. 우리 자신을 위해 보물을 천국에 쌓아 두는 것으로 우리는 앞으로 올 세상에 투자할 수 있다. 우리는 하나님의 영광을 위해 살아가기 위해서 해외선교사가 되지 않아도 된다. 우리는 단지 하나님을 사랑하는 마음과 감사하는 마음을 가지고 사소한 일들을 행하려고 애쓰면 된다.

이것이 우리를 목적, 의미, 가치, 정체성으로 이끌어 간다. 사실 이것이 우리의 인생을 낭비하지 **않는** 유일한 길이다. 우리의 인생을 주님께 내어 드릴 때 우리의 인생은 의미를 가지기 시작한다. 그리고 모든 생각과 행동에 있어서 그리스도를 영광스럽게 하고자 애쓰는 것에서 우리의 최고의 기쁨을 찾을 때 우리의 인생은 계속해서 의미를 가진다. 목적은 우리로 하여금 영원을 위해 살도록 이끈다. 비록 그리스도를 위해 살아가는 것이 사람들에게 칭찬을 받지 못할 뿐 아니라 세상으로부터 미움을 받고 경멸을 받겠지만 귀하신 구주께서 "잘하였도다 착하고 충성된 종아"(마태복음 25장 21절)라고 하시는 말씀을 들을 때 이 모든 것은 가치 있게 될 것이다. 그때까지 우리는 목표를 가지고 살아간다. 우리는 우리 주님을 기쁘시게 하기 위해 살아간다. 우리는 우리가 가진 모든 것 안에서, 우리가 행하는 모든 일 안에서, 우리 자신 안에서 하나님을 즐거워하고 하나님께 영광을 돌리기 위해 살아간다. 이것이, 이것만이 가치 있게 살아가는 인생이다.

4

자유를 추구하는 삶

몇 년 전에 나는 독일, 로텐부르크Rothenburg, 중세 범죄 박물관Medieval Crime Museum을 방문했다. 아주 천천히 견딜 수 없는 고통을 가하기 위해 만들어진 고문 도구들이 전시되어 있었다. 그 중에서 가장 내 눈에 띈 한 도구는 아이언 메이든이었다. 악한 마음은 그 악한 시대에 악한 장치를 고안해 내기 위해서 악마로부터 조언을 얻었음이 틀림없다. 이것은 한쪽에만 경첩이 달린 이집트의 미라 모양의 캐비닛인데 그 안쪽에 못이 박혀 있다.

오랫동안 이러한 고문 기계들 중 하나에 끼여 있는 것을 상상할 수 있겠는가? 몸을 찌르는 수백 개의 못에 대한 첫 공포는 충분히 끔찍할 것이다. 그러나 당신이 그 안에 갇혔다면 정말이지 손가락 까딱하는 것조차 참을 수 있겠는가? 어떻게 수일 동안 꽉 끼어서 같은 자세로 서 있을 수 있을까? 한 두 시간 후에 두 발에 힘이 빠지기 시작할 것이다. 만약 당신이 기대려고 하면 못이 더 깊이 몸을 찌르게 할 뿐이다. 고통을 느끼지 않기 위해서 자동적으로 몸무게를 다른 곳으로 쏠리게 할 것이다. 그러나 이것 역시 반대쪽 몸이 칼로 찌르는 고통을 느끼게 할 뿐이다.

육체적 고통만큼이나 정신적 좌절도 고통스러웠을 것이다. 몸부림치고 팔다리를 움직이고 싶은 충동이 끊이지 않을 것이다. 당신은 계속 가만히 있어야 한다는 것을 알지만 미친 사람처럼 몸부림치고 싶어 죽을 지경일 것이다. 이렇게 갇혀 있으면 당신은 "꺼내주세요! 꺼내주세요! 꺼내주세요!"라고 울부짖을 것이다. 그러나 당신은 풀려날 것이라는 그 어떤 확신도 없이 갇혀 있을 것이다.

이렇게 가둬 두는 것이 고문의 전형이다. 우리 안에 있는 모든 것은 본질적으로 자유롭길 원하기 때문이다. 우리는 자유롭기를 원한다. 우리 품에 안겨 있는 어린 아이들도 하늘에다 두 손을 뻗고 "나는 **자유**다!"라고 소리를 외치며 넓고 탁 트인 곳에서 뛰놀고 싶어한다.

우리는 하나님의 형상으로 만들어졌기 때문에 자유를 추구하는 마음은 우리 모두의 마음에 있다. 우리는 우리가 원하는 것을 우리가 원하는 때에 하는 자유를 누리는 영광을 추구한다. 우리는 우리 의지를 가두는 모든 것을 원치 않는다. 이것은 우리 모두가 바라는 자유다.

법 없는 곳에 자유는 없다

하지만 성경은 우리의 의지의 행위들은 죄의 노예가 된 상태로 태어났다고 말한다(에베소서 2장 1-4절). 죄는 그 본질상 노예를 만든다(요한복음 8장 34절). 죄는 마치 아이언 메이든과 같이 우리를 가둔다. 그러나 죄는 사람이 만든 그 어떤 고문 도

86

구보다 훨씬 더 끔찍하다. 아이언 메이든과 다르게 죄는 우리에게 자유를 약속하고 순간의 기쁨을 가져다주는데 그것은 우리 영혼을 그 손아귀에 쥐어 더 비틀듯이 오로지 우리의 인생들에 끝나지 않는 고통을 꿰어 넣기 위해서이다.

우리 모두는 죄 된 본성을 갖고 태어난다. 이 본성은 우리가 육신의 욕망을 만족시킬 때 자유를 찾게 된다고 우리를 속인다. 우리가 자유롭다면 우리의 식욕과 욕구와 원함과 갈망은 어떤 제한도 없이 풀어두어야 한다고 일반적으로 생각한다. 자유롭기 위해서 우리에게는 우리 의지를 옭아매는 그 어떤 법과 규칙과 감독과 의무와 양심도 필요 없다. 우리는 안 된다는 말을 듣지 않고 물속에 뛰어들 수 있고 게걸스럽게 먹을 수 있어야 한다. 자유롭다면 자신이 원하는 것을 하는 데 절대 제한이 없어야 한다. 이것이 죄가 우리에게 약속한 자유의 모습이다.

"그 누구도 내가 해야 할 일을 나에게 말하지 못할 것이다." 이것이 대부분의 사람들의 태도이다. 고등학교 시절 바로 이런 사고방식을 가진 친구가 있었다. 그 누구도 그 친구를 제재하지 못했다. 심지어 그의 어머니도 그러질 못했다. 농구 경기를 관람할 때 그 친구는 매점에서 치즈 나초를 사려고 자신의 어머니에게 5달러를 달라고 했다. 친구 어머니는 그가 듣기 싫어하는 말을 했다. 안 돼. 하지만 "안 돼"는 그에게 선택 사

항이 아니었다. 그 친구는 눈썹을 찌푸리면서 짜증냈다. "여기
서 소란을 피울까요? 그러길 **바라세요**?" 그러자 친구 어머니
는 졌다고 고개를 숙이면서 지갑에서 돈을 꺼내 버릇없는 아
들에게 주었다.

　보아하니 나의 친구 어머니는 이 창피한 대화 이전에 그에
대한 통제력을 잃었다. 그리고 그 친구는 고등학교 시절에서
조차 자기 자신을 통제할 수 없었다. 그는 농구팀에서 최고의
농구 선수들 중 한 명이었지만 코치의 지도를 참을 수 없었기
때문에 훈련 도중 화를 참지 못하고 뛰쳐나가 사라졌다. 당신
이 상상하다시피 그 친구는 자신을 통제하지 못해서 졸업하지
도 못하였고 내가 알기로는 직장을 계속 다닐 수 없었다. 비극
적이게도 그 친구에 대해 마지막으로 이야기를 들은 후에 얼
마 되지 않아 그는 교통사고로 목숨을 잃었다.

　이러한 자유를 추구할 때 순간을 위해 사는 것은 많은 사람
들을 속인다. 당장의 충동 너머를 생각할 수 없는 야생 동물들
처럼 그들은 느껴지는 필요들을 만족시키기 위해서만 살아간
다. 그들은 어떠한 비용을 치르든 상관없이 순간적인 최고의
즐거움을 느끼고 싶은 충동에 내몰려 있다. 흘러가는 개울같

이 그들은 항상 (욕망에*) 저항이 거의 없는 길을 택한다.

일례로 나는 자기 자신을 통제하지 못하는 한 여인을 위해 지출 계획을 세우는 것을 도와주었다. 매달 그녀는 우편으로 오는 장애 수당을 받은 그날에 생각 없이 다 써버리곤 했다. 그리고 나서 나중에 월세나 생활비가 없다고 불평을 하곤 했다. 그래서 고정 지출 비용에 필요한 금액을 따로 떼어 두고 나니 일주일에 30달러를 받아도 충분히 남았다. 그리고 얼마 지나지 않아 그녀는 자신의 몫을 조금 더 일찍 달라고 하기 시작했다. 특별히 한번은 그녀는 시시한 것을 사려고 자신의 몫을 앞당겨 달라고 요청했다. 나는 조금 잘못되었다는 생각에 그녀에게 다른 선택지를 주었다. "오늘 20달러를 받을래요? 아니면 기다렸다가 내일 30달러 전부를 받을래요?"

그녀는 "오늘 20달러를 받을게요"라고 어리석게 답했다.

이 쓸모없는 것이 10달러를 더 쓰게 한다고 설명했지만 그녀는 상관없다고 말했다. 나는 돈을 쓰기 더 어렵게 만들어야겠다고 생각했다. "오늘 10달러를 받을래요? 아니면 기다렸다가 내일 전부를 받을래요?"

그녀는 바로 "지금 10달러를 가질래요."라고 대답했다.

* 편집자주

자신을 통제하지 못하는 모습에 놀라서 나는 물었다. "오늘 5달러를 받을래요? 아니면 기다렸다가 내일 30달러 전부를 받을래요?"

형편없게도 그녀는 바로 그 쓸모없는 것을 간절히 원했다. 이것이 "5달러를 받을게요"라고 대답한 이유였다.

터무니없는 소리로 들리겠지만 우리 중 많은 사람들이 이 시시한 여인보다 더 지혜롭다고 자부할 수 없다. 우리도 신용 카드 명세서를 눈을 동그랗게 뜨고 쳐다보게 될 것이기 때문이다. 우리는 새 텔레비전, 최신 전자기기들을 기다리지 못하고 당장 산다. 우리가 우리의 "시시한 것"을 얻을 수만 있다면 감당할 수 없는 것은 문제가 되지 않는다.

신용카드를 손에 쥐고 있으면 우리가 원할 때 원하는 것을 살 수 있는 자유를 가졌다고 쉽사리 생각한다. 하지만 갖고 싶은 대로 갖는 자유가 참 자유인가? 순간을 위해, 다시 말하면 감각들이 하라는 대로 하며 사는 것이 우리를 정말로 자유롭게 하는가? 아니다. 갖고 싶은 대로 갖는 것은 재미있지만 우리를 더 노예로 만들 뿐이다. 탕자와 같이 우리는 순간의 즐거움을 누리기 위해 내일의 행복을 파괴한다.

결론적으로 만약 우리가 권위에 순종할 수 없다면 이것은 우리가 우리 자신에 대한 권한이 없고 우리 자신을 통제하지 못하기 때문이다. 하나님을 멀리 떠나 있는 우리의 의지들은 우리의 육체의 욕망들에 묶여 있다. 우리는 우리가 자유롭다고 생각할 수 있지만 이것은 우리가 자기 자신을 파괴하는 욕망들의 노예가 되었다는 증거이다. 이 욕망이 우리를 이끌어간다. 마약과 술과 섹스와 돈과 멋진 것을 구입하는 것에 중독된 것일 수 있다. 그러나 그것이 무엇이든 간에 우리의 욕망들은 마치 허공에 목적 없이 날아다니는 잎사귀와 같이 이리저리 우리를 헤매게 한다.

우리가 가지고 태어난 이기적인 본성은 우리의 육신을 즐겁게 하라고 명령하지만 우리의 육신은 잔혹하게 일을 시키는 감독관이다. 헨리 스쿠걸에 따르면 "우리 자신의 욕망에 굴복해 무심한 게으름뱅이가 되는 것만큼이나 천박한 노예도 없다."* 우리가 우리의 욕망들을 만족시키려고 아무리 애를 쓰더라도 욕망은 결코 만족하지 않는다. 우리는 항상 더 원한다. 절대 충분함이 없다. 우리의 욕망은 이 세상이 줄 수 있는 것보다 더 많은 것을 끊임없이 요구한다. 마치 활활 타는 불처럼 우리의 육신을 먹이로 주면 줄수록 우리를 더 태운다.

이기심은 채워지지 않을 뿐만 아니라 크게 속인다. 우리가 우리의 욕망들을 채우려고 얼마나 애쓰는지와 상관없이 우리

---

*   Scougal, *Life of God in the Soul of Man*, 58.

는 행복하기 위해서 조금 더 필요하다고 생각하도록 끊임없이 속인다. 우리는 거의 행복을 맛볼 수 있을 만큼 아주 가까이 있다. 개가 자기 꼬리를 잡으려고 하는 것과 같이 우리는 우리에게 항상 속삭이는 것을 쫓아가듯 끊임없이 빙글빙글 돈다. 이렇게 우리는 계속해서 우리 주인, 우리의 육신을 섬기고 더욱더 깊이 속박 당하게 된다. 마치 중국 장난감 핑거 트랩Chinese handcuffs을 차고 있는 것처럼, 자유로워지려고 꿈틀거릴수록 속박이 우리를 더 옥죈다.

우리가 우리 자신을 스스로 만족시키려 하는 것은 이렇게 멍청한 것이다. 우리는 자기 무덤을 자신이 파고 있는 것에 대해 신경쓰지 않는다. 그 이유는 자유와 행복이 무덤 바닥에 놓여 있다고 속고 있기 때문이다. 그러나 우리가 판 구멍은 이제 우리를 노예로 만드는 구멍이다. 죄를 사랑하는 것은 우리를 물고 있는 독사를 안고 있는 것이다. 우리의 자유를 훔치고 있는 것은 우리가 반드시 자유롭게 될 수 있다고 생각하게끔 하는 바로 그것이다. 이것이 죄의 기만이다. 죄는 우리를 죽이는 것을 위해 살아가라고 부추긴다.

다시 말해 우리는 자신의 이기심에 묶여 있다. 우리의 의지는 우리 육신의 욕망들에 복종하도록 묶여 있다. 즉, 조나단 에드워즈에 따르면 우리의 의지는 단지 우리의 가장 강한 욕망을 따라 선택할 만큼 자유로울 뿐이다.* 그리고 우리의 가장 강한 욕망들은 우리 마음의 본성에 의해 결정된다. 우리가 죄 된 마음을 가지고 태어났기 때문에 우리의 의지는 우리 자신의 죄 된 충동들의 노예가 된다. 우리가 그리스도 밖에 있고 우리의 의지들이 우리 마음의 죄 된 욕망들에 묶여 있는 한 우리는 우리 자신의 감정들을 통제하지 못할 것이다. 우리가 우리의 끝없는 욕망들에 의해 사로잡혀 있을 때 감정들의 노예가 될 뿐이다.

문제는 우리 죄 된 마음이 절대 만족하지 않는 강한 갈망을 가지고 있는 것이다. 야고보서 4장 2절은 죄 된 마음은 "욕심을 내어도 얻지 못하여 살인하며 시기하여도 능히 취하지 못하므로 다투고 싸우는도다"라고 말한다. 그래서 절대 만족하지 못하는 불만은 우리를 육신의 일들과 시기와 비꼼과 화와 불안과 우울과 다른 모든 짜증으로 채운다(갈라디아서 5장 19-21절). 불안과 불만족은 우리를 모든 쓴 감정으로 채우며 우리를 바다에서 길 잃은 작은 배와 같이 던져둔다.

우리는 감정에 문제들을 가진다. 그 이유는 우리가 항상 채

*   Jonathan Edwards, *The Freedom of the Will* (Morgan, pa.: Soli Deo Gloria Publications, 1996), 5-15.

울 수 없는 것을 원하기 때문이다. 솔직히 말하자면 우리는 모든 것을 마음대로 하길 원한다. 이것이 우리의 타락한 본성이 추구하는 "자유"이다. 사실 이기심은 본능적으로 신이 되길 원한다. 나는 이기심이 온 우주의 하나님이 되길 원한다고 말하는 것이 아니다. 우리는 너무 이기적이어서 모든 것을 신경 쓰는 것은 원하지 않는다. 세상 반대편에서 일어나고 있는 일은 우리에게 전혀 상관없다. 하나님께서는 우리가 신경쓰지 않는 모든 것들을 돌보신다. 그러나 우리의 이기심은 내 자신 그리고 내 자신과 관련이 있거나 관련될 수 있는 모든 일들을 마음대로 하는 신이 되길 원하는 것뿐이다.

만약 우리가 원하는 대로 하고 싶은 것이 자연스러운 일이라면 본능적으로 우리는 우리가 원하는 것을 가지려는 것을 방해하는 것들을 없애 버리길 바란다. 또 이것은 우리를 반대하는 상황들과 사람들에게 우리가 불만을 드러내고 화를 내고 슬퍼하고 우울해하고 질투하는 이유이다.

우리가 어찌할 수 없는 외부의 좋거나 나쁜 상황들로 인해 우리는 이리저리 빙글빙글 떠돈다. 자기 자신을 통제하지 못하면 우리는 "성읍이 무너지고 성벽이 없는 것"(잠언 25장 28절)과 같다. 어떤 사소한 일이라도 우리를 뚫고 들어와 우리를 비참하게 만들 수 있다. 여기에 감정들의 노예가 되는 문제, 즉 우리의 감정들이 우리가 마음대로 못하는 여러 외적인 상황들에 의해 좌우된다는 문제가 있다. 우리는 우리의 일상들과 연관된 여러 상황들을 마음대로 하고 싶지만 현실은 그럴 수 없다는 사실을 우리도 안다. 우리는 과거의 일로 인해서 우울할 수 있지만 우리가 변화시킬 수 없는 일이다. 우리는 미래에 대하여 불안해하기도 하지만 이것도 역시 우리 마음대로 할 수 없다.

그러면 우리가 마음대로 할 수 있는 것은 무엇인가? 우리가 마음대로 할 수 있는 유일한 일은 바로 이 순간에 우리가 어떻게 생각하고 어떻게 느끼며 어떻게 행동해야 하느냐이다. 이것이 우리의 능력의 한계이다. 우리는 이 책을 계속 읽거나 그만 읽을 수 있는 선택을 할 수 있다. 아마도 우리는 쓰레기통에 이 책을 던져버릴 수도 있지만 달까지 날아가겠다는 것이나 손가락을 튕겨서 당신의 모든 문제들을 사라지게 하겠다는 선택을 할 수는 없다. 나와 당신이 마음대로 하고 싶은 것들의 거의 대부분은 하나님께서만 하실 수 있는 일들이다. 그러니 우리가 하나님이 아니라는 현실에 부딪칠 때 우리의 감정적 문제 대부분이 발생한다. 거의 매일 그렇다. 우리가 당연히 가져야 한다고 생각하는 자유가 없다는 것을 인식할 때 우리는 불평한다.

우리의 육신의 본성은 하나님의 규칙과 주권에 우리의 돈, 직업, 건강, 가족, 앞날과 같은 우리의 모든 것을 내어 맡기길 원하지 않는다. 우리가 마음을 쓰고 있는 일들에 관하여 하나님을 신뢰하는 것을 어려워한다. 우리는 우리가 하나님보다 더 잘 안다고 생각한다. 우리는 하나님께서 실수하실까봐 걱정한다. 그래서 우리는 인생의 시험들에 불평하고 투덜거리고 억울해한다. 건방진 아이들과 같이 우리는 뜻대로 되지 않는다고 생각할 때 열을 낸다.

그러나 최악은 우리가 마음대로 할 수 있는 유일한 일, 즉 지금 우리의 생각들과 느낌들과 행동들만을 마음대로 하기 위해서 과거나 미래와 같은 마음대로 할 수 없는 일들을 받아들이는 것이다. 다시 말해 우리는 우리가 마음대로 할 수 없는 것들을 마음대로 하고 싶어서 우리가 마음대로 할 수 있는 일들에 대한 통제력을 잃어버린다.

내가 상담했던 한 남자의 경우가 그랬는데 그는 자신의 아파트를 나서는 것을 무서워했다. 그는 문밖에 대한 이상한 두려움이 있었다. 자신의 우편물을 가지고 오는 것도 그를 무섭게 하는 일이었다. 집 안에서는 마치 자신이 마음대로 할 수 있는 것 같이 안정을 느꼈다. 그러나 벽들의 보호가 없는 밖에서는 어떤 일도 일어날 수 있을 것처럼 느꼈다. 거기에는 알 수 없는 변수들이 너무 많아서 그는 안정을 느낄 수 없었다. 그는 자신의 통제 밖에 있는 것에 대해 두려움을 느꼈다. 이것은 그를 굉장히 옥죄는 것이었다. 그는 일을 할 수 없다고 생각했다. 그는 심지어 식료품들도 살 수 없었다. 그의 감정들이 그를 자신의 침대가 있는 아파트에 가두었다.

이 남자와 같이 우리 대부분은 우리가 마음대로 할 수 있는 것들을 할 수 없는 것들로 받아들이고 있다. 우리가 할 수 있는 것으로 생각하지 못함으로 우리는 우리의 책임들을 얼마나 묵살하고 있는가? 우리는 TV를 끄고 소파에서 일어나야 한다는 것을 생각하지 못하기 때문에 미루고 있다. 화내는 것이 좋은 줄로 알고 우리는 얼마나 자주 화내며 말해 왔는가? 결국 우리의 육신을 만족시키기 위한 자유를 얻으려고 애씀으로써 우리는 우리의 통제를 벗어난 여러 상황들의 감정적인 노예가 되었다.

율법 안에 자유는 없다

그렇지만 참 자유를 얻기 위해서 우리는 반드시 우리 감정들을 다스릴 수 있어야 한다. 우리가 최선이라고 믿는 방식으로 우리의 삶을 살아가는 정치적 자유를 갖는 것과 최선의 것을 행할 수 있는 의지적 자유를 갖는 것은 별개의 문제이다. 우리가 우리 자신을 억압하는 존재라면 외부의 억압으로부터의 자유가 무슨 소용이 있겠는가? 우리가 우리 자신을 패배시키려 하고 있다면 전쟁을 승리하는 것은 가치가 없다.

이것이 나라를 다스리면서 이기적으로 행하는 왕보다 감옥에 있지만 자신의 감정들을 다스리는 사람들이 더 큰 자유를 가지고 있는 이유이다. 비록 바울은 로마 황제의 죄수였지만 그는 참 자유를 누린 자였다. 네로는 자기 자신을 잃어버리고 미쳐서 자살하기까지 이르렀지만 바울은 모든 상황에서 만족하는 비밀을 익혔다(빌립보서 4장 11-12절). 이러한 이유로 우리 가운데 자신의 감정을 다스리는 사람들이 도시를 다스리는 사람들보다 더 낫다(잠언 16장 32절).

자유, 그것도 참 자유를 얻기 위해서 우리는 반드시 우리 감정들을 다스려야 한다. 그러나 우리의 감정들을 다스리기 위해서 우리는 반드시 이기심들과 죄 된 본성을 다스려야 한다. 우리 육신의 욕망들이 우리를 마음대로 하려는 것과는 다른 어떤 것이 필요하다. 그 이유는 이 세상의 것들은 사라지고 있기 때문이다. 만약 쉴 새 없이 움직이는 것에 우리의 마음이 고정되어 있다면 우리의 감정들도 마찬가지로 끊임없이 움직일 것이다. 우리의 기분들은 확실한 어떤 것, 움직이지 않는 어떤 것에 고정되어 있을 필요가 있다.

그래서 우리의 감정들은 반드시 진리에 의해 다스려져야 한다. 이것이 하나님께서 우리에게 우리의 생각들과 감정들과 의지들을 다스리는 자신의 변하지 않는 법을 주신 것이다. 우리가 우울하고 침대에서 일어날 수 없을 때 우리가 할 수 있는 가장 나쁜 일은 우리의 기분을 따르는 것이다. 침대에 늘어져 있는 것은 할 수 있는 가장 쉬운 일이지만 우리의 문제들을 악화시킬 뿐이다. 침대에 있는 것으로 인해 우리는 우리가 책임 있게 다스려야 하는 일, 즉 침대에서 나와 일하러 가는 것을 내가 다스릴 수 없는 일로 내버려 두고 있는 것이다. 우리가 반드시 해야 하는 일은 무엇인가? 우리의 감정이 어떤지에 상관없이 우리는 반드시 옳은 일을 해야만 한다. 한 번에 한 걸음씩이라도 움직이기 시작해야만 한다. 우리는 우리 자신이 결코 침대에 누워서 비참함에 빠져있는 선택을 하도록 내버려 두어서는 안 된다.

마찬가지로 우리는 우리의 감정이 어떤지에 상관없이 반드시 하나님께 순종하도록 해야 한다. 책임진다는 것은 우리의 상황들에도 불구하고 충성하는 것을 뜻한다. 우리는 우리가 영적인 것을 느끼지 못할 때조차 반드시 충성해야 한다(데살로니가전서 5장 17절). 하나님께서 우리를 버리셨다고 느낄 때조차 우리는 반드시 하나님을 신뢰해야 한다. 미울 때조차 우리는 반드시 우리 배우자를 사랑해야 한다.

악을 행할 정당한 이유는 전혀 없다. 어떤 사람이 우리를 적대한다는 이유가 하나님께 순종하는 것을 멈출 정당성을 주지 못한다. 심지어 우리는 우리의 적들을 사랑하고 악의적으로 우리를 대하는 그들을 위해 기도하라고 부름을 받았다(마태복음 5장 44절). 우리는 잘못이 가득한 세상에서 옳은 일을 행하라고 부름을 받았다.

만약 우리의 감정들이 이기심으로 우리에게 군림한다면 그러한 속박에서 풀려나기 위해서 우리는 우리의 죄악 된 욕망들에 복종하는 것을 반드시 멈춰야 한다. 하나님의 법을 위반하는 것이 우리를 노예로 만든다면 하나님의 법에 대한 순종은 그 길을 벗어나게 하는 것이다. 이런 의미에서 하나님의 법은 노예의 자리와 자유의 영역을 분리시키는 경계지표의 역할을 한다. 요컨대 만약 우리가 자유롭길 원한다면 우리는 반드시 하나님의 경계지표, 즉 하나님의 법에 순종해야 한다.

오직 그리스도 안에 자유가 있다

그렇지만 하나님의 율법에 대한 지식과 관련하여 우리의 문제는 여전하다. 법이 우리에게 자유를 가리켜 줄 수 있지만 죄의 속박으로부터 우리를 구원할 힘은 없다. 이는 법이 그 본질과 그 자체로 우리 마음을 변화시키기에 충분하지 않기 때문이다. 만약 우리가 의무로만 순종할 뿐이라면 순종하지 않는 것과 같다. 만약 우리가 벌을 피하거나 상을 받기 위해서만 하나님께 순종한다면 우리의 행동들은 법의 요구들에 미치지 못한다. 우리의 행동들이 이기적이라면 우리는 이기심을 금하는 법에 대한 순종에 부족하게 된다.

하나님께 자유롭게 순종하기 위해서 우리는 반드시 하나님께 대한 순종을 즐거워하고 기뻐해야 한다. 하나님께 순종하기 위해서 우리는 진실로 우리의 마음으로부터 하나님을 반드시 사랑하고 내 몸과 같이 우리 이웃들을 사랑해야 한다. 그렇지 않고 우리가 애써 순종할 때 우리의 의지들과 감정들과 열정들은 자유롭게 일어나고 있는 것이 아니다. 하나님께 순종하는 것을 원하고 사랑하고 바라고 즐거워하고 기뻐할 때만 우리는 참으로 자유로워진다. 하지만 우리가 하나님께 순종하는 것을 즐거워할 때만 우리는 우리가 원하는 것을 자유롭게 행할 수 있기도 하다. 하나님을 진정으로 사랑하므로 하나님께 순종하길 원할 때 우리는 진정으로 자유로워진다(요한일서 5장 3절).

그리고 이것은 우리가 자유를 위해 그리스도를 필요로 하는 이유이다. 우리는 죄와 우리 자신으로부터 초자연적인 구원이 필요하다. 표범이 그의 반점을 바꿀 수 없듯이 우리는 우리의 욕망들을 변하게 할 수 없다(예레미야 13장 23절). 자유롭기 위해서 우리는 우리의 마음에 쏟아 주시는 하나님의 사랑이 필요하다. 우리는 마음의 이식, 즉 새 마음이 필요하다. 우리는 새로운 감정들, 새로운 열정들, 새로운 가치들이 필요하다. 우리는 참으로 회개해야 하고 죄를 미워해야 한다. 우리는 오직 그리스도께서만 우리에게 주실 수 있는 것이 필요하다. 우리는 거듭날 필요가 있다(요한복음 3장 3절). 그리고 이것이 우리에게 그리스도가 필요한 이유이다!

그리스도께서는 "진실로 진실로 너희에게 이르노니 죄를 범하는 자마다 죄의 종이라 종은 영원히 집에 거하지 못하되 아들은 영원히 거하나니 그러므로 아들이 너희를 자유롭게 하면 너희가 참으로 자유로우리라"라고 말씀하셨다(요한복음 8장 34-36절). 오직 그리스도만이 우리의 옛 사람과 자기중심적 욕망들을 십자가에 못 박으실 수 있다. 오직 그리스도만이 우리를 우리 자신으로부터 구원하실 수 있다. 우리의 옛 자아가 그리스도와 함께 십자가에 못 박히기 전까지 우리는 죄에서 자유롭지 못할 것이다. "이는 죽은 자가 죄에서 벗어나 의롭다 하심을 얻었음이라"(로마서 6장 7절) 라고 기록되어 있다.

사실 우리는 천국에 이르기까지 우리의 육신의 욕망들과 더 이상 싸우지 않게 되기까지 기다려야만 한다. 우리가 영광스러워질 때만 우리가 해야 하는 일을 말해 주는 모든 외적인 법이 더 이상 필요 없게 된다. 그 때는 우리는 우리가 원하는 것만을 하게 될 것이다. 그 때까지 그리스도를 믿는 우리는 우리의 육신의 욕망들과 전쟁을 계속해서 치러야 할 것이다(갈라디아서 5장 17절). 승리했다는 것을 느끼지 못하지만 힘 주시는 그리스도를 통해서 우리는 모든 것을 할 수 있다(빌립보서 4장

13절). 그리스도를 믿는 믿음으로 우리는 죄를 짓지 않겠다고 말하는 자유를 얻는다. 우리는 육신의 욕망들에 복종하지 않아도 된다(로마서 6장 12절).

그리스도 안에서 우리는 "죽은 자 가운데서 다시 살아난 자 같이 하나님께"(로마서 6장 13절) 우리 자신을 자유롭게 드릴 수 있다. 우리는 의의 무기로 우리의 몸을 자유롭게 하나님께 드린다. 우리는 성령님 안에서 자유롭게 걷는다(갈라디아서 5장 16절). 이와 같이 성경은 말한다.

그러므로 이제 그리스도 예수 안에 있는 자에게는 결코 정죄함이 없나니 이는 그리스도 예수 안에 있는 생명의 성령의 법이 죄와 사망의 법에서 너를 해방하였음이라 율법이 육신으로 말미암아 연약하여 할 수 없는 그것을 하나님은 하시나니 곧 죄로 말미암아 자기 아들을 죄 있는 육신의 모양으로 보내어 육신에 죄를 정하사 육신을 따르지 않고 그 영을 따라 행하는 우리에게 율법의 요구가 이루어지게 하려 하심이니라 육신을 따르는 자는 육신의 일을, 영을 따르는 자는 영의 일을 생각하나니 육신의 생각은 사망이요 영의 생각은 생명과 평안이니라 육신의 생각은 하나님과 원수가 **되나니** 이는 하나님의 법에 굴복하지 아니할 뿐 아니라 할 수도 없음이라 육신에 있는 자들은 하나님을 기쁘시게 할 수 없느니라 만일 너희 속에 하나님의 영이 거하시면 너희가 육신에 있지 아니하고 영에 있나니 누구든지 그리스도의 영이 없으면 그리스도의 사람이 아니라(로마서 8장 1-9절).

이같이 참 자유는 그리스도 안에 있다. 매일 우리의 십자가를 짊어지고 육신의 욕망들을 십자가에 못 박는 것으로(누가복음 9장 23절), 이 세상의 걱정들과 우리를 아주 쉽게 옥죄는 쓴 죄들을 내려놓는 것으로(히브리서 12장 1절), 우리의 마음을 새롭게 하여 변화됨으로(로마서 12장 2절) 참 자유는 이루어진다. 그렇다. 먼저 하나님의 나라를 찾는 것으로(마태복음 6장 33절), 우리의 생각과 감정들을 하늘의 것들에 두는 것으로(골로새서 3장 2절), 영적으로 생각하는 것으로(로마서 8장 6절), 하나님을 바라보고, 즐거워하고, 영광스럽게 하는 것으로 참 자유는 이루어진다.

결론

만약 우리가 육신의 욕망들을 만족시키면서 자유를 찾고 있다면 우리는 비참하게도 우리의 육신의 노예로 남아 있을 것이다. 만약 우리가 트윙키Twinkies*를 위해 살고 있다면 우리를 비참하게 하기 위해 해야 하는 것은 우리의 트윙키를 훔치는 것이다. 하지만 만약 우리가 우리의 보물을 천국에 두고 하나님의 영광을 위해 살아간다면 우리의 기쁨, 목적, 자유를 빼앗아가기 위해 할 수 있는 일이 있겠는가? 그러므로 자유를 얻는 열쇠는 우리의 구원자를 섬기는 것에 마음을 고정시켜야 하는 것이다.

아이언 메이든은 육체를 옭아맬 수 있지만 죄는 우리의 영혼을 옭아맨다. 아이언 메이든의 고문은 단지 이 세상에까지만 미치지만 죄의 고통은 내생에까지 미친다. 지옥에 있는 사람들은 계속 배고프고 목마르나 그들은 단 한 순간의 즐거움도 누릴 수 없을 것이다. 그들은 절대 만족이 없는 어찌할 수 없는 욕망들을 경험할 것이다. 이러한 내적인 고통과 함께 감정적인 고통은 절망, 희망 없음, 비통, 화, 분노, 우울, 다른 모든 나쁜 감정들로 그들을 지배할 것이다. 그리고 이것은 탈출할 수 없는 불구덩이에 영원히 있다!

우리는 참 자유를 원한다. 우리는 우리의 기분들, 감정들, 의지들이 절대적으로 자유롭기를 바란다. 참 자유는 이 세상을

---

*   미국 국민 과자 : 편집자주

벗어나야 이루어진다. 우리는 반드시 자신에 대하여 죽어야 하나님의 영광을 위해 살 수 있다(마태복음 10장 39절). 우리는 반드시 생명을 얻기 위해 우리의 생명을 포기해야 할 것이다. 우리는 자유를 찾으려는 우리의 요구들을 반드시 내려놓아야 한다. 우리는 반드시 사랑으로 인해 다스려지는 새로운 본질을 얻어야 죄의 속박에서 자유로울 수 있다. 영광스럽고 순수한 자유를 얻으려면 우리는 반드시 그리스도의 종이 되어야 한다(로마서 6장 22절).

5

사귐을 추구하는 삶

나는 혼자 유럽 전역을 여행했다. 나는 모험을 하고 싶어하는 싱글의 대학 졸업생이었다. 배낭을 짊어지고 손에 몇 달러만 가지고 독일에서 성들과 성당들을 보았고 파리의 유명한 산과 박물관들을 가 보았고 벨기에에서 와플과 초콜릿을 먹었고 취리히에서는 한밤중에 한 시간 동안 길을 잃기도 했다. 굉장했다! 그렇지만 말도 통하지 않고 알지도 못하는 대도시 취리히에서 길을 잃었을 때도 나는 크게 외롭다고 느끼지 않았다. 그러나 난생처음 스위스의 장엄한 알프스를 보았을 때 나는 외로웠다.

결국 나는 취리히에 있는 호텔에서 묵고 다음 날 아침 남쪽 스위스의 중심부로 기차여행을 떠났다. 나는 내가 본 것 중 가장 푸른 초원으로 덮여 있는 수많은 언덕들과 그 위에 작은 집들과 젖소들 그리고 농부들이 간혹 보이는 곳을 지나갔다. 분명 그 소들에게서 나온 우유는 스위스 치즈가 되고 있었을 것이다. 나는 그것들을 추억으로 간직했다. 모든 것이 아주 아름답게 보였다. 곧 언덕들이 높아져 갔다. 기차는 위아래로 갔다가 다시 올라갔다. 그 산맥들이 초원에서 아주 큰 전나무들로 되기까지 풀로 덮인 언덕은 작은 산맥으로 펼쳐졌고 작은 산맥은 빽빽한 초목으로 덮인 더 큰 산맥들로 파묻히기 시작했다.

내 얼굴은 창문에 딱 붙어 있었다. 나는 어떤 것도 놓치고 싶지 않아서 눈도 깜빡이지 않았다. 많은 눈 폭포들이 산맥에서 쏟아지고 있었다. 기차는 눈이 덮인 바위들과 절벽들이 나무들을 뒤로하기까지 계속 높이 올라갔다. 기차가 높이 올라가면 올라갈수록 골짜기들은 더 깊어져 갔다. 그리고 그 순간 내가 절대 잊지 못할 광경이 펼쳐졌다. 기차가 산 측면에 딱 달라붙는 순간 갑자기 저 아래 골짜기로 이어지는 전경이 펼쳐졌다. 그 자리에서 나는 이 세상에서 가장 아름다운 곳을 보았다. 인터라켄Interlaken이었다.

　인터라켄은 그 이름에서 알 수 있듯이 오염되지 않은 두 호수, 툰 호수와 브리엔츠 호수 사이에 자리 잡은 휴양지 마을이다. 마치 두 팔로 보호하고 있듯이 베르네제 오버란트에 위치한 알프스Berness Oberland Alps가 그림 같은 마을을 품고 있다. 맑고 파란 하늘과 눈으로 덮여 있는 산맥들이 골짜기를 두르고 있는 경치를 보고 나는 내 눈을 믿을 수 없었다. 장관이었다! 호수의 물은 빙하의 푸른빛, 즉 푸른빛 중에 가장 푸른빛이었다. 어디를 보든지 숨이 막혔다. 나는 그 광경을 마음에 담으려 최선을 다했다. 나는 내 카메라가 이 영광을 전부 담을 수 없다는 것을 알았다. 놀라웠다. 하지만 나는 외로웠다.

　기차가 마지막 역으로 내려갔을 때 나는 무언가를 놓쳤다는 생각이 들었다. 알 수 없는 공허함이 있었다. 나는 가슴이 벅차올랐지만 계속 부모님을 생각했다. 마음에서 부모님을 떨쳐버릴 수 없었다. "부모님과 함께 여기 있고 싶다"라고 생각했다.

"아 아버지는 이곳을 아주 좋아하실 것이고 어머니도 이것을 보셨으면 좋겠다." 나는 혼자였다. 나는 외로움을 거의 느끼지 못했지만 바로 이 순간은 외로움에 사무쳤다. 나 혼자 경험하는 이 아름다움은 의미가 없었다. 나는 누군가와 이 경험을 나누고 싶은 마음이 가득했다. 아무도 보지 않을 때 홀인원을 한 것 같이 나 홀로 처음 알프스를 본 것은 실수이다. 하나님께서는 인생을 홀로 살아가도록 두지 않으신다(창세기 2장 18절). 우리는 우리의 시간, 우리의 기쁨들, 우리의 슬픔들, 우리의 소망들, 우리의 꿈들, 우리의 인생들을 사랑하는 사람들과 함께하길 원한다. 우리는 사랑하고 사랑받는 것이 필요하다. 우리는 우정이 필요하다. 우리는 관계 맺는 존재이다.

완전히 홀로 있는 것은 자연적이지 않다. 우리의 내적 공허와 외롭다는 느낌 때문에 우리는 교제를 원할 수밖에 없다. 하나님의 형상으로 창조된 우리는 교제를 위해 창조되었다. 그러나 우리는 단지 사람들과의 교제를 위해서만 계획된 것이 아니었다. 우리는 더 큰 교제를 위해 창조되었다. 우리는 아버지, 아들, 성령님께서 나누시는 기쁨에 참여하도록 창조되었다.

그렇지만 하나님과의 관계는 불순종으로 인해 끊어져 있다. 아담과 하와가 죄에 빠졌을 때 그들은 먼저 그들 사이에 분쟁이 있었을 뿐만 아니라 그들과 하나님은 더 이상 서로 교제를 누리지 못하였다. 아담과 하와와 하나님의 관계는 파괴되었다. 그들이 하나님으로부터 숨은 후에 하나님께서는 그들을 그 임재로부터 쫓아내셨다(창세기 3장 22-24절). 깨진 관계 때문에 사람은 죄가 파괴한 그 관계, 완벽한 교제를 바라고 원하고 찾는다.

이기심에는 사귐이 없다

죄는 그 본질상 관계들을 파괴한다. 죄는 이기적인 마음에서 나오기에 죄는 우리의 관계가 이상적이지 않은 이유이다. 이기심 때문에 우리는 자기 이익을 위해 우리의 관계들을 망치는 일을 잘한다. 종종 직업이나 취미나 좋아하는 스포츠 팀들은 하나님과 가족들과 친구들을 뒷전으로 놓게 한다. 수년에 걸친 부부 상담에서 나는 죄가 가정에게 미치는 끔찍한 결과들을 보아 왔다. 모든 결혼의 갈등의 핵심은 자기중심성이다. 각자의 관심으로 인해 서로 멀어진 남편들과 아내들에게 소통의 부족, 화, 각방 쓰기, 간통, 이혼 그리고 결혼 생활의 다른 문제들을 찾을 수 있다.

8주 동안 계속해서 나는 모든 것을 가진 것처럼 보이는 한 남자를 상담했다. 그는 매주 다른 고급 세단을 타고 왔다. 그 맞은편에 앉아 있으면서 나는 어떻게 커프스 링크들과 섬세하게 다듬은 머리 모양이 전문가다운 외모를 완전히 새로운 차원으로 끌어 올리는지 주목하지 않을 수 없었다. 그는 중요한 사람이었고 부자였기 때문에 영향력 있고 부유해 보였다.

그는 모든 것을 가지고 있는 것처럼 보였지만 나에게 도움을 받고자 찾아 왔다. 그가 나를 불안하게 바라보면서 "제프, 나는 포춘 500대 기업의 부사장으로 승진했고 믿지 못할 만큼 돈을 많이 벌고 있다"라고 말한 때가 기억난다. 그리고 계속해서 그는 이 많은 월급이 자신과 가족들에게 주는 놀라운 기회들을 이야기했다. 얼마를 벌고 있는지 확실히 알 수 없지만 연봉이 백만 달러쯤 된다고 해도 놀랍지 않았을 것이다. 이렇게 부러워하는 자리에 오를 수 있을 만큼 운이 좋았던 이유를 늘어놓고 나서 그는 다음과 같이 이야기했다. "그러나 이 직업의 스트레스는 나를 소진시키고 있다. 나는 비행기를 타고 도시에서 도시로 옮겨 다니며 항상 호텔에서 지낸다. 나는 내 아이들을 거의 볼 수 없다. 그리고 아내는 이혼을 원한다. 제프, 어떻게 해야 하지?"

한숨을 돌리고 나서 나는 "일을 그만 두라!"라고 말했다. 그는 내가 한 말을 믿을 수 없다는 듯이 눈을 휘둥그레 떴지만 나는 계속해서 말을 이어 갔다. "당신은 승진을 얻으려고 아내와 아이들과의 관계를 팔고 있다. 물론 가족과 승진 모두를 가질 수 있다고 생각할 수 있지만 가족이 그 값을 치르고 있다. 직업이 당신에게 가족보다 더 중요하게 되었다. 높은 연봉을 포기하는 것이 어렵다는 것은 나도 알고 있다." 이어서 나는 얘기했다. "그러나 직업과 가족 중에 더 사랑하는 것이 무엇인지 결정해야만 한다."

잠시 침묵이 흘렀고 그는 깊은 생각에 잠겨있는 것 같았다. 그리고 그는 "나는 많은 동료들과 친구들에게 조언을 구했지만 일을 그만둬야 한다고 말한 사람은 당신뿐이다"라고 솔직히 말했다. 잠시 후 그는 이어서 "그러나 나는 당신이 옳다는 것을 알고 있다"라고 말을 이어 갔다.

이것에 관하여 함께 생각해 보자. 예를 들어 스위스 인터라켄같이 어디에서든 살 수 있는 선택권이 있다면 그리고 세상에서 가장 큰 부자가 된다면 어떨까? 나는 제한 없이 구매할 수 있는 능력에 관하여 이야기를 하고 있다. 집, 요트, 개인 섬, 개인 비행기 편대, 모든 외국 스포츠카, 돈으로 살 수 있는 가능한 다른 모든 것, 이 모든 것이 당신에게 가능하다. 그러나 한 가지 조건이 있다. 이러한 부를 얻기 위해서 관계들, 모든 관계들을 팔아야만 한다. 이 모든 부를 얻기 위해서 부모님, 형제자매들, 배우자, 자녀들, 친구들과 그 어떤 관계도 유지할 수 없다. 심지어 반려견 파이도Fido까지 포기해야만 한다.

물론 당신은 수백만 명의 팬을 가질 수도 있을 것이다. 친구인 **척하는** 많은 사람들이 있을 수도 있을 것이다. 모든 사람이 당신과 시간을 보내고 싶어할 것이고 당신의 멋진 물건을 즐기길 원할 수도 있지만 그들은 당신의 돈을 보고 당신을 좋아했던 것뿐이라는 사실을 알 수 있을 것이다.

당신은 당신의 가족들과 친구들을 부와 바꾸겠는가? 이 꾸며낸 이야기를 들은 모든 사람들은 아니라고 답했다. 우리는 이것에 대해 깊이 생각할 때 관계들이 돈과 이 땅에서의 성공보다 더 중요하다는 사실을 안다.

우리의 최고의 기억들, 잃어버린다면 너무 안타까울 기억들은 다른 사람을 담고 있는 것들이다. 돌아보면 크리스마스를 기쁘게 만들었던 것은 장난감보다는 가족이었다. 엄마가 요리를 만드시고 아빠가 산타 복장을 한 시간들을 기억하는 것은 선물이 주는 것보다 더 큰 의미를 가진다. 부모님이 텐트를 치고 모닥불을 피우는 방법을 알려주었기 때문에 매번 가족 휴가는 멋졌다. 성들을 만들거나 과자와 음료수를 먹은 기억들이 특별한 이유는 우리 형제자매들, 사촌들과 친구들이 어렸을 때 아주 중요하기 때문이다.

가족과 친구들은 우리 인생을 아주 특별하게 만든다. 결과적으로 앞 장들에서 살펴본 우리의 행복과 목적과 자유조차 관계들 안에 있는 것이다. 인생에서 관계들을 빼면 인생은 비참하고 의미 없게 된다.

하지만 당신과 나는 우리가 가장 신경써야 하는 사람들보다 보통 개인 욕심, 개인적 기쁨, 직업을 위에 둔다. 우리는 자녀들과 집 밖에서 미식축구를 하면서 함께 놀아 줄 시간이 없다.

그 까닭은 우리는 집 안에서 각자 미식축구 경기를 보기에 너무 바쁘기 때문이다. 우리는 우리 자녀들이 성장해 가는 것을 보지 못한다. 그 까닭은 우리는 우리의 포트폴리오를 쌓는 데 너무 많은 관심을 쏟기 때문이다. 우리는 우리 자녀들을 키우기 위해 직장을 포기하기보다 비디오 게임들을 하게 하고 유치원에 보낸다.

직장에서 받는 더한 압박 때문에 우리의 결혼 생활들을 견고히 하기 위해 쏟아야 하는 귀한 시간들이 과거의 일이 되어가고 있다. 우리는 돈이 필요하다. 맞는가? 우리가 사랑하는 사람들로부터 우리의 애정을 식어 버리게 하는 일들, 심지어 그것이 좋은 일들일지라도 안 된다고 말하는 방법을 알지 못한다. 우리는 바쁘다. 바쁘다. 바쁘다.

우리가 반드시 할 일은 무엇인가? 우리는 반드시 우리의 관계들을 지켜야 한다. 우리는 주님과 함께하는 경건의 시간을 반드시 지켜야 한다. 기도와 성경 읽기 그리고 성도의 교제는 아주 중요하다. 우리는 반드시 가족을 최우선시해야 한다. 우리는 반드시 교회 가족을 최우선시해야 한다. 관계들은 우리가 가진 가장 중요한 것, 우리의 시간을 요구한다. 우리는 반드시 이러한 것들을 지켜야 한다. 우리는 우리의 시간을 가장 중요한 일, 하나님과 가족과 친구들에게 쏟아야 한다.

"그런 것을 다 할 수 있는 시간이 있을는지 모르겠다"라고 생각하고 있을 수 있다. 그러나 만약 뒷마당에 금이 묻혀 있는 것을 발견했다면 갑자기 땅을 팔 시간이 생길 것이다. 아마 당신은 묻혀 있는 금 한 조각까지 다 파내기 전까지 쉬지도 않을 것이다. 하지만 진짜 금은 우리가 사랑하는 사람과 함께 보내는, 지나가면 되돌릴 수 없는 순간들이다. 우리가 주님과 사랑하는 사람들과 함께 보내는 시간의 가치를 깨닫게 된다면 우리는 썩어질 금을 캐내는 일에 우리의 시간을 낭비하려고 하지 않을 것이다.

욕망에는 사귐이 없다

사귐에는 시간이 필요하다. 그러나 가장 필요한 것은 사랑이다(요한일서 4장 8절). 사랑이 없으면 관계들은 이기심으로 퇴색되어 사람들은 서로를 자신의 개인적인 이익을 위해 이용한다. 사귐에 사랑이 필요하기 때문에 하나님께서는 우리에게 법을 주셨다. 이는 우리가 사랑하는 것이 무엇을 의미하는지 알게 하기 위함이다. 하나님의 법은 단지 이기적인 행위를 금하는 것뿐만 아니라 우리의 온 마음으로 하나님을 사랑하고 우리 자신과 같이 우리 이웃들을 사랑하라고 명령한다(마가복음 12장 30-31절). 사실 "피차 사랑의 빚 외에는 아무에게든지 아무 빚도 지지 말라 남을 사랑하는 자는 율법을 다 이루었

느니라"(로마서 13장 8절)라고 바울이 로마서에서 설명했듯이 하나님의 법 전체는 **사랑**으로 요약될 수 있다. 이런 이유로 하나님의 법은 마치 그 목적이 우리를 바리새인들처럼 행하도록 하려는 것과 같이 우리의 외적인 행위를 다루려고 하지 않는다. 오히려 하나님의 법의 목적은 하나님과 사랑의 관계를 계속해서 맺어갈 수 있는 방식과 다른 사람들과 사랑의 관계들을 가질 수 있는 방법을 소개하는 것이다.

하나님의 법의 첫 네 계명들은 하나님과의 관계를 유지할 수 있는 방법을 말하고 다음 여섯 계명들은 다른 사람들과의 관계를 유지하는 방법을 알려 준다(출애굽기 20장 3-17절). 만약 우리가 이것을 놓치면 율법의 의도를 파악하지 못한다. 우리는 관계들이 필요하고 죄는 관계들을 파괴하기 때문에 하나님의 법에 순종하는 것은 우리의 최대 관심사이다(누가복음 10장 27절). 비록 자신을 우리의 최우선 순위로 두는 것이 우리의 최대 관심사인 것처럼 보이지만 앞서 몇몇 장에서 보았듯이 이기심은 우리의 행복과 목적과 자유를 좀먹을 뿐이다.

그렇지만 이기심은 속인다. 이기심은 할리우드를 등에 업고 가짜 사랑을 품도록 세상을 속이고 있다. 이기심은 사랑을 이기심 그 자체의 모양으로 만들어 왔다. 보통 이 싸구려 복제품은 사랑으로 정의된다. 그러나 이기심은 하나님의 법에 순종하도록 돕는 데 전혀 능력이 없다.

이 싸구려 복제품은, 진짜처럼 보이기 때문에 많은 사람들을 속이는 가짜이다. 사랑처럼 보이는 그것은 감정이다. 강렬하고 열정적인 감정이다. 사랑처럼 보이는 그것은 또한 헌신적일 수 있다. 그것은 사랑하는 사람들을 위해 돈을 쓰게 하고 꽃을 보내고 차 문을 열어 주도록 하고, 시간을 쏟게 하고, 이렇게 자신을 희생하는 다른 일들을 하게 한다. 이러한 가짜 사랑은 무엇인가? 그 이름은 욕망이다.

그렇지만 사랑과 욕망의 가장 주요한 차이가 있다. 사랑의 최종 목적은 상대가 잘되는 것이지만 욕망의 마지막 목적은 자신의 만족이다. 우리는 많은 것들, 예를 들어 음식, 옷, 돈, 로맨스 등등을 갈망한다. 우리는 이러한 갈망들을 진짜 이름으로 부르기보다 그것들을 사랑이라고 부른다. 예를 들어, 누가 아이스크림 선디를 사랑하지 않는가?

그렇지만 아이스크림을 먹고 싶을 때 우리는 그 아이스크림의 최고의 관심사가 무엇인지에 대해서 생각하지 않는다. 그 먹고 싶은 욕구가 우리 안에 강한 감정을 불러일으키고 아이스크림을 사기 위해서 몇 달러를 희생하려고 하지만 우리는 우리 자신만의 갈망들만 생각하고 있다. 사랑의 진짜 의미로는 우리는 아이스크림 선디sundae를 진심으로 사랑하는 것이 아니다. 대신 우리는 우리 자신을 사랑한다. 아이스크림은 나 자신을 기쁘게 하기 위한 수단일 뿐이다.

오늘날 거의 대부분의 결혼들이 이 가짜 돈으로 얻어질 수 있을 정도로 우리의 문화는 이기심으로 인해 어두워져 있는 상태이다. "나는 그를 그냥 사랑한다.""그녀 주변에 있을 때 그녀는 나를 아주 기분 좋게 만든다.""그녀는 아주 귀엽다. 나는 그녀에 대한 생각을 멈출 수 없다." 한동안 신혼부부들 사이에서 공유되는 이 열정은 남편들과 아내들을 서로에게 희생하게 할 것이다. 그들은 상대방을 위해 선물들을 사는 것과 집안일들을 하는 데 있어서 역할이 바뀌는 것을 개의치 않는다. 즉 욕망은 모든 자기희생이 더 이상 가치가 없을 때까지 몇 년 동안 결혼 생활에 힘을 불어넣어 줄 수 있다. 욕망은 "만족하거나 만족하지 못한 상태로 있어도 되는 것"이 아니라, 욕망은 "만족한 상태로 있어야 한다." 그리고 욕망은 만족한 상태로 있어야지 불만족한 상태가 되면 안 된다.

일반적으로 결혼은 단지 도움을 주고받기 위한 공식적인 합의이다. 사람들은 마치 직장에 다니는 것과 같이 결혼을 한다. 이기적인 사람들은 보수가 있는 한, 열심히 일하는 것을 개의치 않는다. 그러나 적은 수의 사람들만이 무보수로 일을 계속할 것이다. 로맨스가 사그라드는 그 때, 신혼이 끝나는 그 때, 아름다움이 시들어 가는 그 때, 개인적인 욕망의 가치들이 너무 비싸지기 시작하는 그 때, 관계는 나빠지기 시작한다. 시작할 때 다 쏟아붓지만 욕망에 의지해서 결혼을 오랫동안 계속해서 유지하는 것은 어렵다.

그 이유는 욕망은 이기적이기 때문이다. 이기심은 상황들이 어려워질 때 그 본질이 무엇인지 그 실체를 드러낸다. 투자가 보상보다 많은 그 때 이기적인 남편들과 아내들은 서로에게 계속해서 의무를 다하기 어렵다. 그들은 사랑이 끝났다고 말할 수 있지만 사실 그들은 처음부터 서로를 결코 사랑하지 않았을 것이다. 사실 통제되지 않는다면 욕망은 사랑보다 미움과 비슷한 점이 더 많다. 욕망은 개인의 즐거움을 위해 사람을 이용하고 그들이 가진 것들 전부가 사라진 후에는 그들을 쓰레기통에 버린다.

사귐은 사랑 안에 있다

참사랑은 반대이다. 참사랑은 욕망에 비해 매우 영광스럽다. 참사랑은 하나님으로부터 나오고(요한일서 4장 8절) 초자연적이다. 그 까닭은 참사랑은 사랑 자체를 추구하지 않기 때문이다. 성경은 "사랑은 오래 참고 사랑은 온유하며 시기하지 아니하며 사랑은 자랑하지 아니하며 교만하지 아니하며 무례히 행하지 아니하며 자기의 유익을 구하지 아니하며 성내지 아니하며 악한 것을 생각하지 아니하며 불의를 기뻐하지 아니하며 진리와 함께 기뻐하고 모든 것을 참으며 모든 것을 믿으며 모든 것을 바라며 모든 것을 견디느니라"(고린도전서 13장 4-7절)라고 설명한다. 사랑은 참으로 다른 사람들을 향해 가장 큰 관심을 갖고(빌립보서 2장 4절) 그 어떤 것도 바라지 않고 기꺼이 희생하려고 한다. 이것이 사랑이다. 사랑은 받으려 하지 않고 준다(누가복음 6장 35절).

참사랑은 젊은 남편으로 하여금 사고를 당하여 남은 날 동안 혼수상태로 살아가야 하는 자신의 아내에게 계속해서 신실하게 하도록 한다. 참사랑은 아내로 하여금 무뚝뚝한 남편에게 친절하게 대하게 한다. 사랑은 우는 아이에게 젖을 물리기 위해 밤새 일어나는 어머니들에게서 드러나기도 한다. 사랑은 기저귀를 갈아 주고 콧물을 닦아 주기 위해서 개인적인 꿈들과 경력들을 기꺼이 희생하는 것에 드러나기도 한다. 사랑의 마음으로 어머니들은 보수나 인정 없이 자신을 아낌없이 준다. 그녀들은 자기 자신을 자녀들에게 쏟아붓는다. 무엇을 위해 그러는가? 어머니들이 자기희생으로 명성이나 돈을 얻으려고 하고 있는가? 아니다. 자애로운 어머니들이 자신들의 전적인 수고로 바라는 유일한 것은 자신의 자녀들이 잘 지내는 것이다. 그들은 자기 자녀들에게 좋은 것만을 바란다. 자녀들이 잘 살고 행복한 것이 보답이다. 사랑은 십자가를 바라볼 때 가장 생생하게 드러난다. "그 앞에 있는 기쁨을 위하여" 자신의 백성을 구속하는 것이 그리스도를 부끄러움과 고통이 심한 죽음을 기꺼이 당하도록 이끌어 갔다(히브리서 12장 2절).

욕망과 달리 사랑은 자기희생을 할 때 자기 자신에게 해를 끼치거나 자기 자신을 속이지 않는다. 욕망은 관계들을 약화시키고 외로움의 비참함으로 이끌어 가기 때문에 자기 파괴적이다. 욕망은 자기 자신을 노예로 만든다. 그러나 사랑은 가치 있는 관계들과 소중한 기쁨을 가져다준다. 자신의 아이들을 잘 돌보는 것을 좋아하는 어머니는 필요한 모든 보답을 얻는다. 그녀는 자신의 자녀들이 복을 받았다는 것을 알 때 만족한다. 이것은 이기심이 주는 일시적인 즐거움을 초월한 기쁨이다. 자애로운 어머니는 "주는 것이 받는 것보다 복이 있다"는 사실을 알고 있다(사도행전 20장 35절).

사랑은 우리의 친구들을 위해 우리의 생명을 내려놓도록 하기도 한다(요한복음 15장 13절). 그러나 우리의 생명이 사랑하는 친구들의 삶에 유익을 끼친다는 사실을 알게 되는 기쁨을 발견할 것이다. 그리고 이것이 사랑의 본질이다. 사랑은 우리의 행복을 다른 사람들의 행복에 두도록 우리를 이끌어 간다. 사랑은 사랑하는 사람들과 함께 사랑하는 것들을 나누도록 우리를 움직인다. 사랑은 다른 사람에게 기쁨과 복들을 주는 것을 기뻐하기 때문에 사랑은 나누는 것을 기뻐한다.

우리는 교제뿐만 아니라 교제를 가능하게 만드는 사랑을 원한다. 우리는 새 집을 사랑한다고 생각할 수 있다. 그러나 새 집은 우리에게 사랑을 돌려주지 못한다. 물질들을 향한 우리의 감정은 결코 주고받음이 없다. 우리는 새 차의 운전대를 껴안을 수 있지만 그것은 결코 우리의 포옹에 답할 수 없다.

더욱이 우리는 우리의 친구들에게 이용당하길 원치 않는다. 우리는 사랑받길 원하고 우리에게 마음을 써주길 바란다. 우리는 이용당하길 원치 않는다. 우리는 소중히 여김을 받고 있다는 느낌을 원한다. 누군가를 사랑하고 누군가에게 사랑을 받는 것은 모든 복들 중 가장 소중한 것이다. 이점을 염두에 두면 이 땅에서의 최고의 관계들조차 완벽한 사랑을 드러내기에는 부족하기 때문에, 우리가 행복하게 되기 위해 좋은 결혼생활을 유지하거나 이 땅에서의 건전한 관계들을 맺어야 하는 것은 아니다.

다른 무엇보다도 가장 필요한 것은 하나님의 사랑이다. 하나님의 사랑만이 완벽하기 때문에 우리와 하나님과의 관계만은 충분하다. 하나님의 사랑은 측량할 수 없고 모든 이해를 초월한다(에베소서 3장 19절). 모든 것을 주고 보답을 바라지 않는 사랑이다(고린도전서 13장 5절). 하나님의 사랑은 조건이 없고(로마서 5장 8절) 값없이 주시는 것이다(요한일서 4장 10절). 하나님의 사랑은 완벽하고 부족함이 전혀 없다(요한일서 4장 8절). 사랑은 하나님의 본질이기 때문이다.

깊은 사랑으로 그리스도께서는 자신의 백성을 값 주고 사시기 위해서 모든 것을 자발적으로 희생하셨다. 한 치의 망설임도 없이 그리스도께서는 "하나님과 동등됨을 취할 것으로 여기지 아니하시고 오히려 자기를 비워 종의 형체를"(빌립보서 2장 6-7절) 가지셨다. 사랑으로 그리스도께서는 자신이 가진 모든 것, 자신의 생명조차 우리를 구원하기 위해서 내어 주셨다. 사랑이 십자가의 부끄러움을 감수하도록 하였다(히브리서 12장 2절). 우리를 향한 사랑으로 그리스도께서는 사람들에게 어려움을 당하시고, 무시를 당하시고, 많은 사람들 앞에서 굴욕을 당하시고, 짐승처럼 두들겨 맞으셨고, 자신의 아버지께 짓밟히셨다(이사야 53장 3-11절). 우리가 사랑받지 못한 상태에 있었을 때 그리스도께서는 이렇게까지 우리를 사랑하셨다(로마서 5장 8절). 우리는 그리스도로부터 멀리 도망치고 있었지만 그리스도께서는 오셔서 자신의 사랑으로 우리의 마음이 회개할 수 있을 만큼 부드러워질 때까지 우리와 함께하셨다(로마서 2장 4절).

그리고 이것이 구원의 주요한 목적이다. 구원은 원칙적으로 죄와 하나님의 진노로부터 구원받는 것과 관련된 것이 아니다. 이러한 것들이 중요하긴 하지만, 오히려 구원의 원칙적 목적은 우리를 그리스도 안에서 하나가 되게 하려 하는 것이다(에베소서 1장 10절). 하나님께서는 우리를 자신과의 완벽한 교제로 이끌기 위해서 그리스도 안에서 우리를 구속하셨다. 죄는 이 교제를 파괴해 왔다. 그래서 우리가 하나님과의 회복된 관계를 맺기 위해서 죄는 정복되어야만 했다. 그리고 하나님과의 교제를 사랑하고 즐거워할 수 있기 위해서(로마서 5장 5절) 우리는 우리 마음에 쏟아부어 주신 하나님의 사랑으로 다시 태어났다.

구원 받은 우리는 하나님과 이러한 관계를 맺고 있다! 그리스도의 충만한 유산이 우리에게 주어졌다. 우리는 그분의 자녀들이다(요한일서 3장 1절). 우리는 부족함이 전혀 없을 것이다 (로마서 8장 32절). "우리가 알거니와 하나님을 사랑하는 자 곧 그의 뜻대로 부르심을 입은 자들에게는 모든 것이 합력하여 선을 이루느니라"(로마서 8장 28절). 그리고 "내가 확신하노니 사망이나 생명이나 천사들이나 권세자들이나 현재 일이나 장래 일이나 능력이나 높음이나 깊음이나 다른 어떤 피조물이라도 우리를 우리 주 그리스도 예수 안에 있는 하나님의 사랑에서 끊을 수 없으리라"(로마서 8장 38-39절). 우리는 이 말씀을 확신할 수 있다.

이것이 전부가 아니다. 그리스도의 사랑은 우리를 하나님과 연합시킬 뿐만 아니라 우리를 그분의 백성과 연합시킨다. 우리는 새로운 가족, 즉 하나님의 권속으로 태어난다. 그리스도인으로서 우리는 우리의 영적인 삶들을 다른 성도들과 나누길 원하지 않을 수 없다. 하나님의 사랑은 성도들의 교제, 교회를 사랑하도록 북돋아 준다. 지역 교회 안에서 "서로를" 섬기는 것(에베소서 5장 21절, 히브리서 10장 25절, 베드로전서 1장 22절)은 하나님을 사랑하는 사람들에게 주어지는 가장 큰 복들 중 하나이다. 교제가 우리 자신의 개인적인 행복, 목적, 자유의 가장 중요한 부분인 것처럼 구원이 우리를 그리스도의 몸과 교제를 맺게 하는 것은 당연한 것이다. 그러므로 우리는 하나님께서 성도들의 교제를 예수 그리스도와의 연합 안에서 보호해 주심에 감사드린다.

더욱이 우리는 천국이 감각적인 즐거움들로 가득 찬 이 땅의 파라다이스가 아니라, 그리스도와 그분의 백성과 함께 완벽하고 죄 없는 교제를 즐길 수 있는 곳이라는 사실에 하나님께 감사한다. 영원한 상태가 줄 수 있는 육체적 즐거움들이 무엇이든 간에 우리의 상상을 뛰어넘어 천국을 아주 영광스럽게 만들 수 있는 것은 하나님과 그분의 백성과의 완벽히 조화롭고 영원한 교제의 기쁨이다. 그때까지 우리가 사랑하고 좋아하는 것들, 즉 그것들이 줄 수 있는 육체적이거나 감정적이거나 영적인 즐거움 모두를 우리가 사랑하는 사람들과 나누는 것만이 자신의 영광과 기쁨을 아들과 성령님과 나누시는 성부 하나님을 더없이 닮아 가는 것이다.

결론

우리의 삶들은 홀로 살도록 만들어지지 않았다. 우리는 그리스도와 함께하는 삶을 다른 사람들과 나누도록 만들어졌다. 이것은 내가 처음 스위스 알프스의 아름다움을 보았을 때 나에게 증거가 되었다. 내가 홀로 이 우주에서 가장 환상적인 장소들 중 하나를 경험하는 것이 즐거웠던 것 못지않게 이러한 경험은 내 안에 불완전한 느낌을 더 강하게 들게 할 뿐이었다.

두 번째 스위스 여행은 정말 큰 기쁨이었다. 나의 아내와 부모님과 함께한 여행은 굉장했다. 기차가 알프스로 향해 갔을 때 약간 신경이 쓰인 기억이 있다. 부모님이 실망하시지 않으실까 걱정했다. 알프스의 아름다움을 과장해서 말씀드린 것이 걱정되었다. 산의 높음, 골짜기의 깊음, 푸르른 물, 끝에서 끝까지 모든 것들이 장관이라고 생각 없이 꾸며서 이야기한 것을 걱정하였다.

그러고 나서 모든 것이 완벽하다고 느껴지는 그 순간이 있었다. 기차가 알프스를 지나자 어머니가 떨리는 목소리로 아버지에게 가까이 다가가 귓속말로 "이곳은 내가 지금까지 본

곳 중 가장 아름다운 곳이다"라고 말했다.

아버지도 "이번 여행은 단지 이것만으로도 가치가 있다"라고 답했다.

나는 부모님께 어떤 점이든 기대에 못 미치는 점이 있었는지 여쭤봤다.

어머니는 "오, 너는 우리에게 이 광경의 반절도 말해 주지 않았다. 이 아름다움은 말로 표현하지 못한다"라고 말했다.

부모님과 함께 이 순간을 누리면서 창문 밖을 바라보고 계신 부모님의 얼굴에 기쁨이 가득한 것을 보았다. 이는 나에게 창문 밖에 지나가는 풍경을 바라보는 것보다 더 큰 기쁨이었다. 스위스를 실제로 굉장하게 만드는 것은 사랑하는 사람들과 함께 바라보는 것이다. 이 세상에 누릴 수 있는 많은 복들이 있지만 우리의 관계들이야말로 이러한 복들이 우상들이나 저주들이 되지 않도록 지켜준다. 그러므로 우리는 결단코 값싼 장신구들이나 순간의 기쁨들을 위해 우리의 관계들을 버려서는 안 된다. 아름다운 이 땅에서 우리가 가진 가장 짧은 순간을 가장 가치 있게 만들자. 우리의 온 마음으로 하나님을 사랑하고 우리 이웃을 우리 몸과 같이 사랑하자.

6

진리를 추구하는 삶

우리는 진리와 애증 관계를 맺고 있다. 한편으로 우리는 진리를 추구하지 않을 수 없다. 영광을 얻기 위해 진리는 가장 중요하다. 진리 없이 그 어떤 행복도, 목적도, 자유도, 사귐도 없다. 다른 한편으로, 하나님의 은혜와 떨어져서 우리는 우리를 반대하는 진리에 반해 서 있다. 우리는 어떤 진리를 따르기보다 거짓을 믿으려 한다. 그래서 우리는 행복, 목적, 자유 그리고 사귐을 얻길 바라는 우리의 바람이 이롭지 못한 것으로 생각한다.

우리가 진리를 추구하는 이유들

어린 아이였을 때 나는 호기심이 아주 많았었다. 어느 날 특별히 나는 몇 시간 동안 아버지를 성가시게 해드렸던 기억이 있다. 끊이지 않는 질문을 그만하라고 나에게 다정하게 말씀하시기 전까지 질문을 잇따라 퍼부었다. 내가 질문이 많은 아이의 아버지가 되어보니 그때 아버지가 느낀 감정이 어땠을지 이해가 간다.

아이들은 자연스럽게 배우려고 한다. 몇몇 아이들은 엄격한 학교생활에 따르려 하지 않지만 아이들 모두는 자신들의 호기심을 사로잡는 어떤 흥밋거리들을 가지고 있다. 몇몇 아이들은 학교 수업들에 전념하지만 다른 아이들은 읽고 쓰고 연산을 하지 않을 수 있는 방법을 연구하는 데 더 많은 시간을 쓴다. 그러나 모든 상황에서 아이들은 항상 배우고 있다.

하나님께서는 우리를 일생 동안 배우는 자로 만드셨다. 지식에 대한 목마름은 우리 모두 안에 있다. 우리가 알아야 하는 것은 정말 많다. 우리는 많은 것들을 궁금해한다. 우리가 알지 못하는 것들이 많이 있기 때문에 우리는 많은 것들을 궁금해한다. 다른 것들 가운데 우리는 우리가 누구인지와 우리가 어디서 왔는지와 우리가 어디로 가는지와 인생이란 무엇인지 알기를 원한다.

우리가 진리를 억누르는 이유

슬프게도 하나님과 우리 자신을 알고 싶은 우리의 내면의 바람은 첫 사람의 죄로 인하여 도덕적으로 파괴된 상태이다. 아담과 하와는 하나님에 대한 인격적인 지식을 가지고 창조되었지만 뱀의 거짓을 믿음으로써 진리를 거절했을 때 이 지식을 잃어버렸다(창세기 3장 1절). 진리에 대적하여 반역했을 때 그들은 하나님으로부터 숨으려고 함으로써(창세기 3장 8절) 거짓으로 진리를 덮으려고 시도하였다. 그들은 자신들의 죄들에 관한 진리와 자신들의 죄들에 대하여 하나님께서 어떻게 느끼실지에 대한 진리를 알려고 하지 않았다. 수치스러움이 드러나기에 그들은 더 이상 빛 안에서 살려고 하지 않았다. 그들은 어둠을 사랑하는 자들이 되었다(요한복음 3장 19절). 그때 이후로 아담의 후손인 모든 인간들은 어둠 안에서 태어나고 그 어떤 지각도 없다(시편 82편 5절).

조나단 에드워즈에 따르면 진리를 이해하는 것에 있어서 인간의 무능은 육체적 무능이 아니라 도덕적 무능이다.* 이는 죄로 가득한 사람은 진리를 이해하는 지적 능력이 부족하지 않다는 것이다. 이는 그들이 진리를 따르려는 도덕적 마음이 없다는 것이다. 고기를 먹을 수 있는 모든 육신의 요소들을 가진 판다와 같이 육에 속한 사람은 진리에 대한 지식에 이르는 데 필요한 모든 육체적 요소들을 가지고 있다. 그렇지만 판다는 고기를 좋아하지 않는다. 몇 가지 이상한 이유로 인해 풀을 먹는 것을 좋아한다. 이와 같이 육에 속한 사람은 영적인 진리에 대한 원함이 없다(고린도전서 2장 14절).

사람들은 보기를 원하지 않기 때문에 눈이 멀어 있다. 내가 코코넛 파이를 좋아하는 것이 불가능한 것처럼 회개하지 않은 죄인들이 싫어하는 것을 자발적으로 받아들이는 것도 불가능하다. 사람들은 어둠을 좋아하기 때문에 그들은 빛을 싫어할

---

* See Edwards, *Freedom of the Will*, 24-31.

수밖에 없다(요한복음 3장 19절). 이런 이유 때문에 믿지 않는 사람들은 고의로 "불의로 진리를 막는"다(로마서 1장 18절).

　나는 이러한 현실을 받아들이지 못하는 모습을 직접 본 경험이 있다. 고등학생이었을 때 한 친구가 자살하였다. 그 누구도 심지어 그 친구의 어머니조차도 이 일이 일어나고 있었는지를 알지 못했다. 나는 현실을 인정하지 않는 것이 비통의 한 단계라는 것을 알았지만 그 마음이 얼마나 아픈지 헤아릴 수 없었다. 무덤 옆에서 그 친구의 어머니는 아들의 관 위에 쓰러졌고 갑자기 "일어나, 일어나, 일어나"라고 울부짖으면서 관을 흔들기 시작했다. 다른 모든 사람들은 단 한마디도 꺼내지 못한 채 서 있었다. 현실은 쓰디썼다. 그리고 바로 그 순간은 친구의 어머니가 받아들이기 매우 힘든 것이었다. 그 순간에 어머니는 자신의 유일한 아이가 묻혀야 한다는 진리를 믿으려 하지 않았다. 증거가 넘쳐나지만 믿고 싶지 않은 일을 받아들이기에는 부족했다. 그녀는 자기 아들을 사랑했기 때문에 그 진리를 사랑하지 않았다.

　진리가 상처를 줄 때 우리는 더 이상 그 진리를 우리의 일상에 환영하지 않는다. 에이즈 검사를 두려워하는 한 남성과 대화를 한 적이 있었다. 그는 마약을 주사할 때 친구들과 매번 바늘을 나눠 썼는데 이 친구들 중 한 친구가 에이즈 양성 반응이 나왔다는 것을 최근에 알게 되었다. 그는 이 사실이 자신도

에이즈에 걸렸을 수도 있다는 것을 의미한다는 것을 알았다. 나는 검사할 것을 권하였다. 그러나 그는 알고 싶지 않다고 말했다. 그는 모르는 것이 불치병에 걸렸을지도 모른다는 사실을 마주해야만 하는 것보다 더 좋은 선택이라고 생각했다.

안타깝게도 우리는 보통 우리가 문제라고 믿기보다 빛이 문제라고 믿는다. 마치 에이즈 검사를 피하거나 진노하신 하나님에 대해 생각하지 않는 것이 죽음의 질병에 감염되고 하나님의 진노를 마주하는 위험들을 없앤 것 같이 우리가 진리를 옆으로 치울 수 있다면 또는 스스로 그렇게 생각할 수 있다면 우리는 평안히 살아갈 수 있다.

이러한 반응은 회심하지 않은 사람들에게 해당한다. 올바른 판결을 받아야겠다고 생각하는 것은 범법자들에게 유쾌한 일이 아닌 것처럼 죄인들인 우리 입장에서 하나님에 대해서 생각하는 것은 좋지 않다. 이 진리를 받아들이기보다 자기 자신을 보호하려는 본능으로 인해 우리는 우리 양심으로부터 진리를 밀어젖힐 수 있다. 만약 우리가 우리의 죄책에서 벗어날 수 있다면 아마 의로운 하나님에게서 떠나길 원할 수도 있다.

우리는 진리를 부정하는 것으로 우리 자신을 대적하고 있는 중이다. 우리는 진리를 알기 원할 수밖에 없다. 진리는 우리의 삶에서 굉장히 중요하고 또한 우리는 진리를 받아들이려고 애써야 한다. 조나단 에드워즈에 따르면 "우리가 얻을 수 있는 모든 지식 가운데 하나님에 관한 지식과 우리 자신에 대한 지식이 가장 중요하다."*

우리가 회개하지 않고 있는 한 하나님에 대한 지식과 우리 자신에 대한 지식은 우리가 가장 싫어하는 지식이다. 우리는 알기를 원하지만 들추어낸 그 진리를 좋아하지는 않는다. 거룩하신 하나님이 무섭기 때문에 우리의 악함의 그 깊음과 하나님의 거룩하심에 관한 진리를 받아들이려 하기보다는 차라리 우리는 거짓말, 어떤 거짓말이라도 믿으려 한다.

존 칼빈John Calvin은 하나님에 대한 지식과 자기 자신에 대한 지식은 분리될 수 없다고 이해했다. "우리가 가진 거의 모든 지혜, 다시 말해서 진리와 올바른 지혜의 본질은 두 부분이다. 하나님에 대한 지식과 우리 자신에 대한 지식이다. 그러나 이 둘은 많은 제한들로 인해 연결되어 있어서 어떤 지식이 다른 지식보다 앞서고 어떤 지식이 다른 지식을 낳는지 분간하는 것은 쉽지 않다."** 이것은 우리가 우리 자신에 대한 지식을 일그러뜨리면 하나님에 대한 지식도 일그러지게 되어 있고 그

---

*   Edwards, *Freedom of the Will*, xi.

**   John Calvin, *The Institutes of the Christian Religion*, ed. John T. McNeill, trans. Ford Lewis Battles (Philadelphia: Westminster Press, 1977), 1.1.1.

반대의 경우도 그렇다는 의미이다. 우리는 하나님의 형상으로 창조되었기 때문에 하나님에 대한 지식과 사람에 대한 지식은 함께 서 있거나 함께 넘어진다. 우리의 죄책과 평화롭게 지내기 위해서 우리는 하나님과 우리 자신에 대한 지식을 고의적으로 왜곡하고 싶은 유혹을 받는다.

우리는 우리 자신에 대한 진리를 빙빙 돌려 말하고 싶은 유혹을 받는다. 우리는 거룩한 하나님의 모양으로 창조되었기 때문에 우리 자신에 대한 사실을 알기 원하는 것은 본능이다. 그러나 우리는 타락한 사람의 모양으로 손상되었기 때문에 우리 자신을 돌아볼 때 우리가 본 것을 좋아하지 않는 것 또한 본능이다. 이러한 옛 해골들은 바로 어두운 옷장에 갇혀 있을 필요가 있다.

양심을 깊이 살피고 감추인 죄책을 들추기보다 우리는 우리가 행한 별것 아닌 선행에 초점을 맞추도록 급히 마음을 돌린다. 우리는 우리의 행동들에 대해 변명하고 우리를 정당화한다. 우리는 우리가 완전히 나쁘지는 않다고 우리 자신을 고의로 속인다. 스스로에 대한 평가를 내리기 전에, 우리는 실제로 아무것도 되지 못했는데 무엇이 된 줄로 생각하게 될 만큼 자만하여 스스로를 부풀린다(갈라디아서 6장 3절). 이런 식으로 우리는 우리 자신에 대한 진리에 의도적으로 눈을 감는다.

우리는 또 하나님에 대한 사실을 빙빙 돌려 늘어놓고 싶은 유혹을 받는다. 하나님이 두렵기 때문에 우리는 하나님을 우리의 상상 속으로 밀어넣으려 한다. 우리는 하나님을 정의로운 심판자로 보기보다 오히려 우리의 삶에 복을 주기만 원하는 산타클로스의 모습으로 하나님을 바라보려고 하는 경향이 있다. 이것은 많은 사람들이 듣기 원하는 말을 해 주는 조엘 오스틴Joel Osteen*과 같은 설교자들 아래 앉아 있는 이유이다 (디모데후서 4장 3절). 그들은 자기 자신이 만들어 낸 신과의 관계에서 자기 자신들에 대해 좋은 느낌을 받을 수 있다. 그들은 죄의식을 거의 경험할 수 없고 자기 자신을 철저히 뉘우치도록 충분히 이끌어 가지 않는다. 그들은 선한 일을 행하면서 긍정적인 생각을 통하여 자신들의 죄책을 억누른다. 그래서 그들은 그들의 자신감을 북돋아 주는 신이 필요하다.

다른 사람들은 교육을 너무 많이 받아서 종교적이지 못하다

---

* 조엘 오스틴은 베스트셀러 작가이고 Lakewood Church, 텍사스 휴스턴에 있는 대형 교회의 목사이다. 오스틴은 지옥과 회개를 주제로 설교하는 것을 의도적으로 그리고 인정하는 바와 같이 도외시한다. Heather Clark을 보라, "조엘 오스틴은 그가 회개와 지옥을 주제로 설교하지 않는 것으로 사람들을 속이지 않는다고 말한다." Christian News Network, March 31, 2016, http://christiannews.net/2016/03/31/joel-osteen-says-hes-not-cheating-people-by-neglecting-to-peach-on-repentance-hell/.

고 생각한다. 심지어 그들은 하나님께서 존재하시지 않는다고 주장할 만큼 멍청하다(시편 14편 1절). 우리는 하나님에 대한 거짓말이라 할지라도 믿고 싶은 유혹을 받는다. 그것들은 단지 우리가 하나님에 대해 생각할 때 느끼는 우리의 죄책을 억누르려는 우리의 시도들일 뿐이다.

진리에서 멀리 떠나는 것이 우리가 할 수 있는 가장 쉬운 일처럼 보일 수 있지만 우리는 결코 아주 멀리 달아날 수 없다. 우리가 숨으려 하는 곳이 어디든 간에 진리는 항상 우리를 저주하고 있다(시편 19편 1-6절). 성경은 우리가 진리를 억누르려고 시도할 수 있지만 이는 물속에서 비치 볼을 잡고 있는 것과 같은 것이라고 말한다. 비치 볼은 항상 다시 튀어 오르려고 한다.

성경에 따르면 모든 사람은 그들의 불순종에 합당한 심판을 하실(로마서 1장 32절, 2장 15절) 전능하시고(로마서 1장 20절) 전지하시고(사도행전 17장 25절) 의로우신(시편 97편 6절) 진노의 하나님(로마서 1장 18절)께서 계시다는 사실을 알고 있다. 본질적으로 그들의 죄책만이 그 어떤 변명 없이 그들에게 남는다.

요약하면 우리가 거룩하신 하나님에 대한 지식을 거절하는 이유는 우리가 거룩하지 않다는 사실을 마음 속 깊이 알고 있기 때문이다. 하지만 우리가 우리의 죄책을 충분히 인정하기를 원하지 않으면 우리는 하나님에 대한 진리를 계속 거절할 것이다. 그리고 우리가 진리를 거절하는 한 우리는 진리를 알고 싶어하는 우리의 내면의 소망을 꺾어 두는 것이다.

진리가 필요한 이유

거짓말들과 속임은 결코 어느 누구도 돕지 못한다. 우리가 죽을 질병에 감염되어 검사를 피하는 것이 그 순간에는 더 쉬울 수 있지만 얼마 지나지 않아 그것이 우리의 발목을 잡을 것이다. 대부분의 사람들이 예상치 못하게 하나님을 마주할 것이라는 생각에 정말 놀라워한다. 마지막 날 모든 무릎이 주님의 주권에 무릎을 꿇을 것이다(로마서 14장 11절). 그러나 그때는 의도적으로 진리를 억누른 사람들에게는 너무 늦다.

죄책의 양심이 우리를 충분히 정죄하지만 우리를 회개로 이끌어 가기에 충분하지 않다. 만약 하나님께서 우리를 정죄하려고만 하신다면 우리를 회개하게 할 그 어떤 동인도 있을 수 없다. 만약 하나님의 정의와 노하심과 분노와 엄격함만을 본다면 우리는 우리 자신과 하나님에 대한 지식을 계속해서 억누를 것이다(로마서 1장 18절). 만약 단 하나의 소망도 없이 죽을 운명에 처해 있다고 생각한다면 우리는 거룩하신 하나님을 받아들일 그 어떤 동인도 없다. 우리는 빛으로 나아가면서 우리의 악한 행위들을 드러내기보다 오히려 어둠을 움켜쥐며 잘못된 희망을 신뢰하려 할 것이다(요한복음 3장 20절).

감사하게도 우리에게 소망이 있다. 하나님의 정의에 대한 진리가 결코 우리를 회개로 이끌어 가지 못할지라도 하나님에 관하여 정의보다 더 큰 진리가 있다. 그리스도 예수 안에 있는 하나님의 자비에 관한 진리이다. 그리스도의 대속의 죽음, 즉 복음은 객관적으로 하나님 앞에서 우리가 의롭게 되기 위해 필수일 뿐만 아니라 복음의 메시지는 주관적으로 우리 자신과 하나님에 관한 진리를 의지적으로 받아들이기 위해 필수이다. 우리의 마음이 그리스도 예수님을 통해서 우리를 용서해 주실 것이라는 하나님의 의지를 알기 전까지 우리는 우리의 죄책에 대한 지식을 결코 충분히 받아들이려 하지 않을 것이다. 그리스도께서 우리를 대신하여 달리셨다는 사실을 성령님께서 우리에게 효과적으로 보여 주실 바로 그 때 하나님의 정의는 더이상 비통함이 아니게 된다(로마서 2장 4절). 복음이 우리의 마음에 비춰질 때만 우리는 의지적으로 하나님과 우리 자신에 대한 진리를 받아들이게 된다.

우리는 그리스도를 받아들임으로써 우리의 죄들의 깊음을 받아들일 수 있다. 우리는 우리가 아무것도 아니라는 사실을 기쁘게 받아들일 수 있다. 우리가 그리스도를 보기 전까지 우리는 우리가 아프고 눈이 멀며 의사가 필요한 상태라는 사실을 볼 수 없다(마가복음 2장 17절). 그리스도께서 충분한 구원자이시라는 사실을 볼 때 우리는 "더러운 옷"(이사야 64장 6절)과 같은 우리 자신의 의를 거절할 수 있다. 이러한 의미에서 그리스도의 영광만이 우리를 완전히 겸손하게 할 것이다.

나는 자살할 뻔했던 바로 그 밤이 생각난다. 모든 것이 어두웠고 나 자신에 대해서만 염려했다. 결국 아버지께서 전화 너머에서 기도할 수 있는 힘을 주셨을 때 나는 장전된 총을 바닥에 밀어 놓고 평안을 얻을 때까지 하나님을 찾기로 결심하였다. 나는 주실 것을 알았다. 밤 12시쯤 하나님께 간청하기 시작했다. "오, 주님, 제발 이 고통이 사라지게 해 주세요!" 나는 울부짖었다. 나는 몇 시간 동안 빌고 애원했다.

하지만 새벽 세 시쯤, 어떤 일이 일어났다. 나의 기도가 바뀌기 시작하였다. 처음 기도하기 시작했을 때 나는 평안만을 구했다. 그러나 갑자기 내가 가장 높으신 하나님께 죄를 지었다는 사실이 나에게 다가왔다. 여자 친구와 헤어진 것보다 더 죽을만한 문제가 있다는 것을 깨닫는 순간 더 간절하게 부르짖기 시작했다.

용서의 복음을 알고 나서 나는 진노의 하나님을 대면하지 않을 수 없었다. 이러한 순간에 하나님께서 초자연적으로 나에게 회개를 주셨던 것 같다. 내가 오랫동안 잊고 있었던 죄들이 나의 마음에 다시 생각나게 되었다. 각 죄가 떠올랐을 때 더 이상 나에 관한 사실을 억누르려 하지 않았고 나의 죄들을 숨김없이 하나님께 고백했다. 어찌 이렇게 은혜로우신 하나님께 죄를 지어 왔는가?

내가 나의 모든 잘못들을 주님 앞에 내어놓기를 마치고 난 후 나의 죄의 무게가 사라지고 기쁨이 나의 영혼을 가득 채우는 일이 일어났다. 나는 내가 용서받았다는 사실을 알았다. 우리가 자비하신 하나님을 본다면 우리는 우리의 죄들을 숨기거나 덮어두지 않을 것이다. 우리는 더 이상 어둠에 달라붙어 있지 않아도 된다. 영광스러운 빛은 더 이상 두렵게 하지 않고 자유롭게 한다. 더욱이 우리가 그리스도에 대한 지식을 받아들이면 우리는 하나님에 대한 지식을 받아들일 수 있다. 그리스도께서는 아버지를 우리에게 **계시하실** 뿐만 아니라(요한복음 14장 9절) 아버지를 **받아들이도록** 우리의 마음을 움직이신다.

그리스도를 바라보는 것으로 우리는 하나님의 사랑과 은혜에 대해서 배우고 하나님의 정의의 분노와 엄정함의 진가를 이해하게 된다. 예수 그리스도를 바라보는 것으로 우리는 하나님의 정의로부터 흘러넘치는 자비하심을 본다. 십자가가 하나님의 자비와 하나님의 정의를 일치시켰기 때문에 하나님의 정의에 대한 진리는 완전히 영광스럽게 되었다.

이것은 가장 큰 변증이 십자가인 이유이다. 예수 그리스도의 복음이 바로 "구원하시는 하나님의 능력"이다(로마서 1장 16절). 회개는 하나님으로부터 오는 초자연적인 선물이다(디모데후서 2장 25절). 그 까닭은 믿음이 초자연적인 "하나님의 선물"이기 때문이다(에베소서 2장 8절). 하나님께서는 우리가 올바로 고백하고 회개하고 우리의 죄들로부터 완전히 돌아서기 전에 우리에게 죄 용서의 복음을 볼 수 있는 새 마음을 반드시 주신다. 우리는 어둠에서 벗어나기 위한 빛이 필요한 만큼 우리 죄들을 회개하기 위해 복음을 믿는 믿음이 필요하다.

법은 우리의 죄들을 드러낼 수 있고 죄책에 대한 우리의 내면의 인식을 부추길 수 있지만 자기 의를 깊게 뉘우치도록 이끌어갈 힘은 없다. 자기 과신과 어둠을 향한 우리의 사랑으로부터 우리를 멀리하게 하는 것은 그리스도 예수 안에서 드러나는 하나님의 자비에 대한 지식이다. 참 소망, 반드시 진리에 뿌리를 둔 참 소망이 침체로부터 우리를 꺼내줄 수 있는 유일한 것이다.

예수님께서는 우리의 유일한 소망이시다. 그 까닭은 예수님께서 아버지께 나아가는 유일한 길이시기 때문이다. "예수께서 이르시되 내가 곧 길이요 진리요 생명이니 나로 말미암지 않고는 아버지께로 올 자가 없느니라"(요한복음 14장 6절). 만약 우리가 우리 자신과 하나님에 관한 진리에 이르고자 한다면 우리는 그리스도가 필요하다. 우리는 우리를 위해 죽으신 예수님의 얼굴을 바라보면서 하나님 아버지의 영광을 바라볼 필요가 있다(고린도후서 4장 6절). 우리는 반드시 예수님을 바라보아야 한다! 우리는 반드시 자기 의에는 눈을 닫아야 하고 그리스도의 의를 바라보아야 한다.

당신이 천국에 가기 위해서 당신의 선한 일들이나 악한 변명들이나 당신 자신이 만들어낸 신을 신뢰하고 있다면 당신은 계속해서 어둠에 달라붙어 있는 것이다. 당신의 죄들을 금방 찢어질 종이 반죽으로 덮고 있는 것은 심판의 날 당신을 완전히 드러나 있도록 두는 것일 뿐이다. 하나님의 심판의 빛이 당신의 모든 거짓된 희망과 어리석은 변명들을 곧바로 완전히 태워 버리실 것이다. 당신이 진리를 안다면 그것은 무서운 어둠이다.

당신이 예수 그리스도를 믿음으로 구원을 받았고 자기 과신으로부터 완전히 돌아섰다면 하나님께 당신 자신을 계속 감출 필요는 없다. 당신의 죄를 고백하고 빛으로 나아가라. 자신을 내려놓고 당신의 모든 소망을 그리스도 안에 두라. 그리스도께서는 당신을 구원하시기에 차고 넘치도록 충분하시다. 이 사실을 믿는가?

신자들에게조차 죄 용서의 메시지는 매일 우리의 삶에서 절실하게 필요한 아주 놀랄만한 것이다. 우리는 하나님께서 "만일 우리가 우리 죄를 자백하면 그는 미쁘시고 의로우사 우리 죄를 사하시며 우리를 모든 불의에서 깨끗하게 하실 것이요"(요한일서 1장 9절)라는 사실을 계속해서 다시 기억해야 한다. 이것이 우리가 반드시 예수 그리스도를 믿는 믿음으로 살아가야 하는 이유이다.

이 메시지가 없다면 아무리 우리가 그리스도인들일지라도 항상 어둠으로 다시 돌아가려고 할 것이다. 우리가 죄를 지을 때 우리는 우리 자신을 하나님으로부터 감추고 싶은 유혹을 받는다. 회개를 미루는 것은 그림자 안에서 더 오래 머물려는 우리의 시도이다. 부끄러움이 드러나기에 우리는 기도하려고 하지 않는다. 우리는 우리가 미루는 것이 조금 더 깨끗하게 할 수 있고 우리가 조금 더 존경을 받으면서 하늘 법정에 들어가기를 애쓰는 것이라고 일반적으로 생각한다. 그러나 이러한 생각은 하나님으로부터 온 생각이 아니다. 미루고 있는 것이 아니라 회개하는 것이 양심을 깨끗이 하는 것이다. 우리는 죄에 빠진 그 순간 그리스도께 달려가는 것이 필요하다. 만약 당신이 그리스도인의 삶을 간신히 유지하고 있는 중이라면 복음의 빛으로 다시 나아가는 것을 왜 계속해서 미루고 있는가? 하나님께서는 당신의 모든 죄들을 용서하실 것이다. 진심으로 당신의 죄들에 대해 진리를 고백하고 그리스도에 대한 진리를 믿어라.

오직 진리만이 죄로부터 우리를 자유롭게 할 수 있다(요한복음 8장 32절). 오직 진리만이 우리를 거룩하게 할 수 있다(요한복음 17장 17절). 우리는 결코 성경을 소홀히 대해서는 안 될 것이고 우리는 그리스도만을 바라보아야만 한다. 복음의 빛은 우리의 적이 아니다. 우리의 유일한 소망이다.

결론

진리를 원하는가? 내가 누구인지 알기 원하는가? 내 죄의 깊음을 알기 원하는가? 하나님의 거룩함을 알기 원하는가? 그렇다면 빛으로 달려가라. 그리스도께 달려가라. 그리스도의 얼굴을 보아라. 십자가 위에서 고통당하신 그분의 얼굴을 직접 바라보아라. 나를 대신하여 고통당하신 그분의 얼굴만을 오로지 바라보아라. 우리와 같은 죄인들을 향하신 그리스도의 긍휼, 그리스도의 자비, 그리스도의 선하심, 그리스도의 겸손, 그리스도의 사랑을 바라보라. 보고 살아라 나의 사랑하는 친구여. 깨질 때까지 그리스도의 사랑을 바라보라. 그리고 깨진 후에, 회복할 때까지 계속 바라보라.

7

화평을 추구하는 삶

세상은 전쟁 중이다! 아담의 죄 이후로 이 땅에 평화가 지속된 적이 없다. 세상은 그 시작부터 폭력의 지배를 받아 왔고 평화의 왕이 다시 오시기 전까지 죽음의 저주 아래 있게 될 것이다. 그때 세상은 "썩어짐의 종 노릇 한 데서 해방"될 것이다 (로마서 8장 21절).

이 모든 일은 아담과 하와가 하나님의 권위를 무시하는 것으로 하나님께 "주먹을 휘둘렀을 때" 시작했다(창세기 3장 1-6절). 이 반역 행위는 그들과 모든 인류를 하나님과의 전쟁에 밀어 넣었다. 그들의 죄, 모든 죄는 하나님의 영광에 대한 공격이다(로마서 3장 23절). 정의로 인류를 향한 하나님의 마음은 즐거움에서 분노로 바뀌었다. 하나님의 분노로 하나님께서는 불 검을 가진 천사들을 보내셔서 사람을 하나님의 임재로부터 내쫓으셨다.

하나님과 인류의 이 전면전은 모든 피조물 사이의 평안을 방해했다. 아담은 자신의 죄에 대해 하와를 탓했고 바로 이 시점에서부터 인류는 서로 적대해 왔다. 이것은 가인이 자신의 형제 아벨을 죽였을 때 명백해졌다. 그 이후로 이 세상 전체는 모든 종류의 적대적 일들로 곤두박질쳐졌다.

세계대전들, 내전들, 종족 학살, 테러, 약탈, 낙태, 가정 폭력, 이혼, 레고 조각을 사이에 둔 형제들의 다툼은 하나님을 향한 인류의 반역의 슬픈 결과들이다. 사람은 자기 자신과 전쟁 중이다. 사람의 영혼에는 그 어떤 내적 화평도 없다. 주님께서는 선지자 이사야를 통하여 "악인에게는 평강이 없다"라고 말씀하신다(이사야 48장 22절). 성경은 **외적** 갈등이 마음의 **내적** 갈등에서 기인한다고 설명한다(야고보서 4장 1절).

사람들은 서로 전쟁한다. 그 까닭은 그들 자신 안에 화평이 부족하기 때문이다. 이 내적 갈등은 하나님을 향한 타락한 양심과 만족할 수 없는 것을 찾아 헤매는 마음으로부터 나온다(야고보서 4장 2절). 죄책, 내적인 혼란은 양심과 전쟁 중인 인생에서 기인한다. 더 중요한 것은 죄책은 하나님과 전쟁 중인 인생에서 비롯한다.

마틴 로이드 존스Martyn Lloyd-Jones는 "왜 이 세상에 전쟁들이 있는가? 왜 끊임없는 국제적 긴장감이 있는가? 이 세상의 문제는 무엇인가? 왜 우리 가운데 전쟁과 모든 불행과 혼란과 불화가 있는가?"라고 묻는다. 로이드 존스는 자신의 질문들에 답을 찾아갔다. "이 질문에는 단 하나의 답이 있다. 죄이다. 다른 것이 아니다. 단지 죄이다."*

그렇지만 죽음과 마찬가지로 전쟁은 자연적인 것이 아니다.

---

* Martyn Lloyd-Jones, *Studies in the Sermon on the Mount* (Grand Rapids: Eerdmans, 1976), 102.

하나님께서는 우리를 갈등하도록 계획하지 않으셨다. 우리는 고통을 피하고 싶어하는 것과 같이 전쟁을 싫어할 수밖에 없다. 우리는 화평과 만족을 갈망한다. 알고 그러든 모르고 그러든 우리는 하나님 앞에서 깨끗한 양심을 바란다.

동양의 종교들은 구원의 궁극적인 목적으로 열반이라고 부르는 화평을 바라본다. 하지만 그 종교들의 화평에 대한 이해는 개인의 의식의 소멸이다. 만약 우리가 존재하지 않는다면 물론 우리는 전쟁에서 자유로울 것이다. 그러나 화평은 갈등의 부재 그 이상의 것이다. 성경에 따르면 화평은 한마음 한뜻으로 연합된 각 개인들 안에서만 경험될 수 있다. 완벽한 화평은 완벽한 사랑하고만 관련이 있다. 화평은 아버지, 아들, 성령님 사이의 조화를 보는 것으로 가장 잘 이해된다. 그리고 하나님 앞에서 본질적으로 존재하는 화평은 우리의 마음 안에 있기를 바라는 화평이다.

화평을 얻는 잘못된 방법들

우리가 우리 자신을 하나님보다 더 사랑하는 한 우리는 죄 용서 없이 우리의 죄책을 없애기 위한 여러 방법들을 찾으려 할 것이다. **종교 활동**으로 우리의 죄책을 덮으려 애쓰는 것은 죄책의 양심을 억누르려는 아주 일반적인 방식들 중 하나이다.

그렇지만 종교 생활은 단지 우리의 죄책을 자만심으로 대체하는 것일 뿐이다. 죄책을 느끼지 않는 하나의 방법은 자기 의를 기준으로 삼는 것이다.

사도 바울이 기독교로 개종하기 전에 그는 율법을 열정적으로 지키는 자였다. 외적 순종을 할 때 그는 자신을 "율법의 의로는 흠이 없는 자"라고 믿었다(빌립보서 3장 6절). 그는 자신의 선한 행위들에 자부심을 느끼는 것으로 자신의 죄책을 잘 처리하려고 애썼다. 아시시의 프란체스코는 자신의 화려한 삶의 방식에 환멸을 느끼면 느낄수록 기쁨은 더 사라져갔다. 마틴 루터가 수도사가 되기로 맹세한 후에 그는 기도와 고백으로 하나님의 자비를 얻으려고 자신을 고통스럽게 만들었다. 마찬가지로 우리도 종교적인 생활들로 자부심을 얻기 위해 시도한다. 그렇지만 종교적인 생활로 우리의 죄책을 제거하려고 하는 것은 불가능한 것은 말할 것도 없고 우리를 지치게 한다. "율법의 행위로써는 의롭다 함을 얻을 육체가 없느니라"(갈라디아서 2장 16절)라고 바울은 기록한다. 선한 삶이 단 하나의 검은 얼룩도 지울 수 없다. 우리가 우리의 죄책을 메우려 할지라도 우리는 하나님 앞에서 우리의 양심으로 인해 여전히 정죄를 받게 된다.

만약 우리가 종교 생활에 대한 환멸을 느끼게 된다면 우리는 **기준을 낮추는 것으로** 죄책을 잘 처리하려고 시도하게 될 수 있다. 우리 양심이 우리를 관대하게 대하기 위해서 우리는 보통 우리의 생각을 "어쩔 수 없었다. 그것은 나의 잘못이 아니었다. 나는 옳은 일을 행하려 애썼다. 나는 몇몇 실수를 저질렀지만 적어도 나는 대부분의 내 친구들만큼 나쁘지는 않다"와 같은 도덕적 변명들로 가득 채운다.

이런 식으로 죄책을 처리하기 위해서는 두 가지 것들이 요구된다. 첫째, 우리는 옳고 그름에 대한 하나님의 기준을 낮춰야만 한다. 완벽을 만족시키기란 불가능하기 때문에 우리는 반드시 더 도달할 수 있는 기준을 만들어야 한다. 둘째, 우리는 우리 자신에 대한 우리의 의견을 제시해야만 한다. 다른 말로 우리는 반드시 하나님을 낮게 보는 관점을 가져야만 하고 우리 자신을 높게 보는 관점을 가져야만 한다. 성경이 말하듯이 우리는 반드시 우리 자신의 형상으로 우상을 만드는 것, 즉 "썩어질 사람"(로마서 1장 23절)으로 우상을 만드는 것으로 하나님에 대한 진리를 억누른다.

몇몇 사람들은 하나님의 존재를 부인하는 것에 하나님이 주신 지성을 써 가면서 도덕적 변명을 늘어놓는다. 만약 우리가 하나님께서 계시지 않는다는 것을 확신한다면 우리는 객관적인 도덕 기준이 없다고 말하는 것으로 우리의 양심을 가볍게 하려고 할 것이다. 신성한 입법자가 없으니 우리는 도덕이란 단지 사회의 합의일 뿐이라고 양심에 말할 수 있다. 그리고 도덕 기준이 기울어진 저울 위에 한번 놓이면 우리는 우리 자신의 행동에 맞춰 그 기준을 조정할 수 있다.

하지만 기준을 낮춰서 화평을 찾는 것은 우리가 대처하는 것을 돕지 못하고 결국 실패로 끝난다. 비록 우리가 도덕적 행동들은 상대적이지 절대적인 것이 아니라고 말할 수 있지만 우리의 양심은 끊임없이 우리를 정죄한다. 우리는 변명들의 정교한 그물을 고안해 낼 수 있지만 계속해서 내적으로 스스로에게 실망하게 될 것이다. 이는 우리가 마음 그 깊은 곳에서는 거룩하신 하나님께서 우리 죄들로 인해 우리를 심판하신다는 사실을 알기 때문이다. 발버둥쳐봤자 우리는 의로우신 하나님에 대한 지식을 완전히 억누를 수 없다.

우리의 양심의 소리를 틀어막는 또 다른 방식은 영원한 것들에 대해 생각할 시간이 없을 만큼 우리의 마음을 계속 바쁘게 하는 것이다. 쾌락으로 자기 자신을 **혼란스럽게 함으로써** 죄책에 대처하는 것은 일반적인 것이다. 성적 부도덕에 빠져 있는 내담자는 부끄러움을 극복할 수 있는 유일한 방법이 자신의 생각들을 딴 데로 돌리는 것이라고 말한 적이 있다. 술과 마약은 보통 회피하게 한다. 영화들은 우리의 생각들과 감정들을 다른 현실로 밀어 넣어 피할 길을 제공한다. 지속적으로 커지는 엔터테인먼트에 대한 요구 때문에 나이트클럽, 스포츠 경기들, 할리우드는 큰 사업이다. 세상은 이 회피에서 다음 회피로 나아가고 있다. 그리고 이 회피의 대부분은 사람들의 마음이 나락에 떨어지지 않고 절망으로 떨어지도록 계획되어 있다.

그렇지만 회피는 양심의 가책을 억누르지 못한다. 이 방법은 우리가 쉬지 않는 한에서만 효력이 있다. 몇몇 사람은 취해 있으려고 애쓰지만 우리 모두는 곧 현실을 직면한다. 우리는 우리의 문제들을 내일까지 완전히 밀어두기를 원한다. 그러나 마음 그 깊은 곳에서 우리는 하나님으로부터 더 이상 숨을 수 없는 그날이 오고 있다는 사실을 안다.

우리가 부끄러움을 숨기고 화평을 구하려고 노력하는 방식과 상관없이 "자기의 죄를 숨기는 자는 형통하지 못하나"(잠언 28장 13절)라는 이 말씀 때문에 우리의 부끄러움과 내면의 혼란은 잠잠히 있지 못한다. 하나님께서 우리 양심에 새겨주신 율법을 기준으로 우리가 죄책을 심판 받을 때 더러움은 우리가 깨끗하게 하기에는 너무 짙게 배었다. 양심의 가책은 하나님께 정죄 받은 우리 안에서 전쟁을 끊임없이 일으킬 것이다. "여호와께서 말씀하시되 악인에게는 평강이 없다 하셨느니라"(이사야 48장 22절).

어떻게 죄책이 깨끗한 양심을 얻을 수 있을까? 어떻게 죄인이 하나님과 화평을 맺을 수 있을까? 어떻게 우리가 하나님 앞에서 의롭게 될 수 있는가? 하나님과의 화평이 가능한가? 이것은 인생에서 가장 중요한 질문이다.

우리가 의로우신 하나님께 죄를 짓고 있지만 하나님께서는 자신의 아들 안에서 우리에게 죄 용서를 주셨다. 처음에 하나님의 아들께서는 복수를 위한 힘센 용사로 드러나지 않으셨다. 오히려 그리스도께서는 사랑으로 오셨고 다음과 같이 선포하는 거룩한 천사들을 거느리시고 오셨다. "지극히 높은 곳에서는 하나님께 영광이요 땅에서는 하나님이 기뻐하신 사람들 중에 평화로다"(누가복음 2장 14절). 그리스도께서는 심판하시기 위해 오셨던 것이 아니라 우리에게 평안의 조건들을 자비롭게 알려 주시려고 오셨다.

그리스도께서는 우리에게 완전한 포기를 원하시지만 우리와 하나님 사이에 화평을 가져다주시기 위한 모든 일을 하신 분이시다. 사람으로서 그리스도께서는 완벽하고 충분한 의를 죄 없는 순종으로 획득하셨다. 그리스도께서 죄가 없으시다는 증거는 그리스도께서 죽음에서 부활하셨다는 것이고(사도행전 2장 24절) 우리의 것으로 옮겨 주시기 위해 그리스도께서 바로 이 의로움을 주셨다. 더욱이 그리스도께서는 우리의 죄들을 자신의 것으로 옮기신다. 더욱이 하나님의 큰 진노를 십자가 위에서 감당하시는 것으로써 그리스도께서 죄들에 합당한 형벌을 받으셨다(이사야 53장 4-5절). 그리스도께서는 하나님께서 우리를 구속하시고 화평케 하시기 위한 모든 일을 행하셨다. 그리스도께서는 자신의 의를 값없이 우리에게 주시는 것으로 죄 용서를 우리에게까지 미치게 하신다. 그리스도의 죄 용서와 칭의는 하나님께서 의롭다하시고 의를 선언하시는 것에 있어서 우리가 필요로 하는 두 가지 것들이다.

그러나 의문은 여전히 있다. 하나님께서 우리를 의롭다 하실 때 성령님께서 우리 안에서 무엇을 행하시는가? 그리스도에 따르면 우리가 하나님과의 화평을 얻을 때 두 가지 일들이 발생한다. 첫째, 성령님의 은혜로 인해 우리는 우리 안에 그 어떤 의로움도 없다는 사실을 반드시 인정한다. 우리는 우리가 영원한 형벌을 받아 마땅한 죄인이라는 사실을 반드시 고백한다. 더욱이 우리는 반드시 우리의 죄들을 용서 받기를 소망한다. 우리는 반드시 회개하고 다음과 같이 노래한 시편 저자의 모범을 따른다.

내가 이르기를 내 허물을 여호와께 자복하리라 하고 주께 내 죄를 아뢰고 내 죄악을 숨기지 아니하였더니 곧 주께서 내 죄악을 사하셨나이다(시편 32편 5절).

제리 브리지스Jerry Bridges는 우리에게 다음과 같이 상기시켜 준
다. "우리의 마음은 속인다. 우리의 마음은 우리의 행동들을
변명하고 합리화시키고 정당화시킨다. 우리의 마음은 우리의
삶의 전체 죄의 자리들을 못 보게 한다."* 그러므로 우리는 하
나님께 부르짖는 다윗의 모범을 따를 필요가 있다.

하나님이여 나를 살피사 내 마음을 아시며 나를 시험하사 내
뜻을 아옵소서 내게 무슨 악한 행위가 있나 보시고 나를 영원
한 길로 인도하소서(시편 139편 23-24절).

그리고 다윗은 다시 기도했다.

하나님이여 주의 인자를 따라 내게 은혜를 베푸시며 주의 많은
긍휼을 따라 내 죄악을 지워 주소서 나의 죄악을 말갛게 씻으
시며 나의 죄를 깨끗이 제하소서 무릇 나는 내 죄과를 아오니

---

* Jerry Bridges, *The Pursuit of Holiness* (Colorado
  Springs, Colo.: NavPress, 2006), 61.

내 죄가 항상 내 앞에 있나이다(시편 51편 1-3절).

그러나 회개가 우리에게 요구되는 전부는 아니다. 우리는 반드시 복음을 믿어야 한다. 우리는 반드시 죄 용서와 의로움의 유일한 수단으로서 그리스도를 믿는 믿음을 가지고 있어야 한다. 우리의 회개와 믿음이 하나님과의 화평을 얻지 못한다. 오히려 반대이다. 그것들은 우리가 우리의 구원을 위한 그리스도의 의에 전적으로 달려 있다는 것을 보여준다.

성경에 따르면 믿음이 우리를 그리스도의 의와 하나로 만들기 때문에 믿음, 오직 믿음만이 우리를 의롭게 한다. 이와 같이 청교도 윌리엄 거널은 "하나님께 어떤 것, 즉 우리가 행한 것을 드리는 것이 아니라 그리스도께서 우리를 위해 행하신 것을 받음으로써 우리는 칭의 받았다"*라고 언급했다. 오직 그리스도의 완성된 사역 안에서 쉼을 누리는 것으로만 성령님의 은혜로 인해 우리는 하나님과의 화평을 얻을 것이다. "그러므로 우리가 믿음으로 의롭다 하심을 받았으니 우리 주 예수 그리스도로 말미암아 하나님과 화평을 누리자"(로마서 5장 1절).

마틴 루터는 개인 경건과 선행들을 통해 하나님께 나아가는

---

* Gurnall, *Christian in Complete Armour*, 433.

자신의 방식을 얻기 위한 노력을 멈춘 후에야 이 화평을 경험하였다. 그는 다음과 같이 말했다. "내가 하나님의 정의와 '의인은 믿음으로 살리라'라는 문장 사이에 연결점을 보기 전까지 나는 밤낮으로 깊이 생각했다. 그 이후에 나는 하나님의 정의가 은혜롭고 순전한 자비를 통해 하나님께서 믿음으로 우리를 칭의하시는 의라는 것을 이해했다. 곧바로 나는 내 자신이 다시 태어났고 천국에 열려 있는 문들을 지나갔다는 것을 느꼈다."*

결론

하나님과의 화평이 없는 곳에 나 자신과의 화평도 없다. 우리가 얼마나 타락했는지와 상관없이 우리의 죄들은 예수 그리스도의 피를 통해서 용서받을 수 있다. 우리는 반드시 우리의 죄들을 변명하는 것을 멈춰야 하며 선행들을 행하는 것으로 하나님의 용서를 얻기 위한 노력을 멈춰야 하고 우리의 죄책에 대한 앎을 억누르기 위한 노력을 그만둬야 한다. 하나님 앞

---

* As quoted in Roland H. Bainton, Here I Stand: A Life of Martin Luther (Peabody, Mass.: Hendrickson, 2009), 48.

에서 깨끗한 양심은 그리스도 예수 안에만 있다. 우리는 우리의 죄들을 회개해야 하고 우리의 마음과 뜻과 힘으로 복음의 메시지를 믿어야 한다. 만약 화평이 없다면 전적으로 하나님의 자비, 그리스도 예수 안에 약속된 하나님의 자비에 당신 자신을 내어 던져야 한다. 만약 이 사실을 믿는다면 용서를 받을 것이다. 이것이 하나님의 약속이다.

8

거룩을 추구하는 삶

모든 사람은 선한 사람이 되길 원한다. 적어도 처음에는 모든 사람은 좋은 사람이 되길 원한다. 몇몇 사람은 자신들의 죄들 안에서 더 이상 옳은 것을 행하는 것에 관심이 없을 만큼 강퍅하게 되었다. 그러나 이 관점이 항상 사실은 아니었다. 아이들이 제2의 아돌프 히틀러로 자라길 원하는 것은 정상이 아니다. 강퍅한 범죄자들은 밤새 양심을 괴롭히지 않는다. 보통 타락한 영혼들은 고의적으로 악이 되려고 열망하면서 시간을 보낸다.

내가 열 살 때 집에서 몰래 빠져 나와서 담배를 처음 피웠을 때가 기억난다. 나는 일주일 동안 유혹을 참았지만 왠지 해 보고 싶었다. 이후에 나는 죄책감을 느낀 것을 기억한다. 만약 부모님이 일어난 모든 일을 알게 되신다면 나에게 실망하시리라는 것을 알았다. 바로 그 지점에서 나는 다시 담배를 피우기를 원치 않았다. 그러나 담배를 피우는 것이 멋있는 것이라고 생각했던 것 같다. 머지않아 나는 친구들과 함께 자주 담배를 피울 수 있었다. 그리고 이것이 거의 모든 죄의 본질이다. 우리는 유혹에 들어가면 갈수록 더 쉽게 양심을 무시하게 된다.

몇 년에 걸쳐 몇 개 안 되는 나쁜 습관들만 행해도 된다 하더라도 이 몇 개 안 되는 짓은 나쁜 사람이 되게 할 것이다. 깡패들도 여전히 그 가운데 도덕성을 인식하고 있다. 감옥에 갇혀 있는 거의 모든 깡패는 자기 자신들을 비교적 선한 사람이 되었다고 여긴다. 더욱이 인류는 본질상 종교적이다. 성지들과 절들과 사원들과 교회들이 지구를 덮고 있다. 거의 모든 사람들은 때로 기도한다. 종교를 부정하는 사람들조차도 보통은 교양 있는 시민들이 되기를 갈망한다. 무신론자들도 보통 다른 사람들에게 저주하는 것을 좋게 여기지 않는다.

거룩을 추구하는 잘못된 방법

우리는 믿지 않는 사람들은 선한 사람이 되길 원하지 않는다고 생각하기도 한다. 그러나 이것은 타락 교리를 잘못 이해한 것이다. 인류는 선하지 않지만 선한 사람이 되길 바라는 마음을 포기하지 않았다. 이 선은 최소한의 상대적인 의미에서의 선이다. 우리는 이 세상의 종교들은 모두 영원한 생명을 얻는 것과 선행을 통한 화평 위에 기초하고 있다는 사실을 반드시 기억해야 한다.

하지만 이것이 사람들의 불안의 또 다른 이유이다. 비록 사람들이 자신들에게 순수함을 설교하는 양심을 가지고 있다 해도 그들은 이미 죄로 인해 타락했다는 사실을 안다. 부끄러운 감정을 피하고 싶어하지만 부끄러운 짓들에 대한 헛된 환상을 즐긴다. 양심을 가지고 있기 때문에 타락한 인간들은 불안하다. 선하게 행하라고 몰아붙이는 그 양심이 나쁜 짓에 대해 끊임없이 비난하는 양심이기 때문이다. 불안은 그들에게 갈등을 일으킨다. 그들은 죄에 푹 빠져있지만 여전히 선하게 되길 갈망한다. 어떻게든 그들은 자신이 나쁜 사람은 아니라는 생각은 꽉 잡고 놓지 않으면서 죄를 즐길 방법을 찾아야 한다.

몇몇 사람들은 **열심히 선한 일을 행하는 것으로** 자신들의 도덕적 타락과 이기심을 감추려고 애쓴다. 그들은 "나의 선한 행위들이 나의 실수들을 메우기만 한다면 모든 것은 괜찮다"라고 스스로 생각한다. 각각의 실패는 반드시 선한 행위들로 상쇄된다. 그들은 자신들이 완벽하지 않다는 것을 인정하지만 그들은 자신들이 행해 온 모든 선한 일들에 평안을 취한다. 교회에 가고, 가난한 사람을 돕고, 지역보호시설에 옷가지들을 기부하고 또 다른 이런 행위들로 인해 그들은 스스로에 대해서 선하다고 느낄 수 있다. 존 오웬에 따르면 "자기 힘으로 하는 고행, 즉 스스로 고안한 방식들로 자기 의의 목적을 향해 끊임없이 나아가는 이 고행은 모든 거짓 종교의 정신이며 근본이다."[*]

문제는 선해지려는 사람들의 바람이 그들 자신들을 즐겁게

---

[*] John Owen, *The Mortification of Sin*, in *The Works of John Owen*, ed. William H. Goold (Edinburgh: Banner of Truth, 2009) , 6:7.

하고자 하는 그들의 바람만큼 강하지 않다는 것이다. 믿지 않는 자들은 그들의 죄악 된 본성에 묶여 있고 죄악 된 본성은 항상 옳은 것을 행하려는 최고의 노력들조차 더럽힌다. 그들은 자신들이 선을 행하고 있다고 생각할 수도 있다. 심지어 그들은 자신들이 예배하는 모든 종교적인 활동들로 하나님을 즐겁게 하고 있다고 생각할 수도 있다. 그들은 가난한 사람에게 물질적 도움을 줄 수 있고, 숲에 나무를 심을 수 있고, 오랫동안 기도할 수 있고, 죄를 고백할 수 있고, 많은 악한 생각들을 그만둘 수 있지만 시종일관 (그들의 마음을 움직이는 동인들 때문에) 그들은 결코 오직 선한 행위만을 할 수 없다. 선을 행하고 싶은 그들의 바람조차 죄로 인해 더럽혀져 있다. 문제는 그들의 동인들에 놓여 있다. 이는 선해지려는 모든 행동은 반드시 하나님을 기쁘게 하기 위한 바람에서 생겨나야 하기 때문이다. 선한 일을 행하기 위해서는 하나님의 영광이 반드시 근본적인 동인이어야 한다. 그러나 믿음이 없는 사람들의 마음은 여전히 하나님을 대적하고 있기 때문에 믿지 않는 자는 "하나님을 기쁘시게 할 수 없다"(로마서 8장 8절).

믿지 않는 자들은 선해지고 싶어할 수 있지만 그들은 자기 자신들 위에 하나님의 영광을 두지 못하고 둘 수도 없다. 그들은 하나님의 진노를 피하고 또 영원한 보물을 얻고 싶은 마음이 들 수 있지만 자기 자신을 사랑하는 것보다 하나님을 더 사랑하는 것은 그들에게 있어서 불가능하다. 그들은 이익 때문에 하나님을 섬기려 할 수 있지만 그들은 자신들의 인생을 하나님께 내어 맡기는 순수한 그 기쁨만으로는 그럴 수 없다. 그들은 가난한 사람을 도울 수 있지만 그들이 그 일을 행하는 동인들은 자기 자신을 위한 것일 것이다. 어떤 사람들은 다른 사람들에게 보이기 위해 기도한다. 어떤 사람들은 자신들의 양심을 편하게 하기 위해 구제를 한다. 자선단체에 큰 후원을 했을 때 좋은 평판을 즐기는 자선가들과 같이 죄인들은 단지 자기중심적인 이유들로부터 옳은 일을 하려는 힘을 얻는다. 그렇기에 선을 위한 그들의 바람은 "하나님의 영광에 이르지 못하"는(로마서 3장 23절) 단지 나름의 선일 뿐이다.

인도주의자와 환경운동가들, 인류를 돕길 바라는 사람들도 선에 미치지 못한다. 선한 사람이 되고자 하는 그들의 노력들 안에서 그들은 사람과 피조물을 창조주보다 높이 올려놓는다. 그들은 이 세상을 우상으로 만들어 내고 있다. 그들은 인류의 선을 하나님의 영광 위에 두고 있다.

하지만 첫 계명이 성취되어야만 다른 모든 계명들이 옳게 따라갈 수 있다. 즉, 우리의 동인이 하나님께 즐거움이기 이전에 우리는 마음을 다하고 뜻을 다하고 힘을 다하여 하나님을 반드시 사랑해야 한다(신명기 6장 5절). 이것보다 부족한 모든 것은 죄이다. 하나님께서는 우리의 모든 의의 가치는 "더러운 옷"과 같다고 말씀하신다(이사야 64장 6절). 열정적인 바리새인으로서 바울의 삶을 비추어 보았을 때 모든 동료들보다 뛰어난 열정을 가지고 있었던 바울은 자신의 최고의 결과들이 부정적인 가치를 포함하고 있다고 여겼다(빌립보서 3장 7절). 우리가 우리의 죄를 제거할 수 있다 하더라도 그리고 우리의 선한 행동들을 하나님의 정의로운 저울에 올려놓을 수 있을지라도 우리는 여전히 부족할 것이다. 우리가 내어놓을 수 있는 최고는 하나님께서 보시기에 "배설물"로 여겨진다(빌립보서 3장 8절). 이것은 우리의 최고가 죄악 된 동인들로 더럽혀졌기 때문이다.

"선을 행하는 자는 없나니 하나도 없도다"(로마서 3장 12절) 이뿐만 아니라 선을 행할 수 있는 자도 하나도 없다(로마서 8장 8절). 모든 인류는 죄 안에서 잉태되었고 "죄악 중에서 출생하였다"(시편 51편 5절). 아이는 어미의 자궁에서 "거짓을 말하면서" 태어난다(시편 58편 3절). 아이들은 이기적이 되도록 가르침을 전혀 받지 않는다. 우리는 죄의 노예로 태어나기 때문에 자연스럽게 그렇게 된다(에베소서 2장 1절).

죄는 단순히 외부로부터 우리를 해치고 있는 것이 아니다. 죄는 우리의 마음을 깊이 관통한다. 죄는 우리의 본성으로부터 흘러나온다. 우리는 단지 타락한 것이 아니라 **전적으로** 타락했다. 죄가 뚫고 들어가고 더럽히지 않은 곳은 단 한 곳도 없다. 우리의 생각들과 우리의 감정들과 우리의 행동들 전부

죄로 오염되었다. 이와 같이 루이스 벌콥Louis Berkhof도 "죄는 영혼의 모든 기능에 거하는 것이 아니라 그 마음, 성경이 말하는 심리에서 영혼의 중심 기관, 생명의 모든 것들이 나오는 마음에 거한다. 그리고 이 중심으로부터 죄의 영향과 활동들이 지성과 의지와 감정들 육신을 포함한 인간 전체로 퍼진다"[*]라고 설명한다.

이렇게 우리가 우리의 힘으로 거룩을 추구하는 것은 항상 좌절로 끝나고 우리는 이 사실을 본능적으로 안다. 아무리 우리가 많은 방식들을 동원해서 우리의 죄책을 제거하려고 애쓴다 해도 우리의 모든 노력은 결국 좌절로 끝난다. 더욱이 이 좌절은 겸손히 하나님께 순종하길 원하지 않고 선하게 되려는 바람의 결과이다.

육신 안에서 자기 의지나 자기 확신은 항상 우리를 큰 속박으로 인도한다(로마서 7장 5절). 믿는 사람들조차도 우리가 행하길 원하는 선을 우리 자신의 힘으로 행할 수 없다는 것을 발견하게 될 것이다(로마서 7장 19절). 우리가 최고의 노력으로 하나님의 법을 지키려고 할지라도 우리의 삶들 안에서 행해지는

[*] Louis Berkhof, *Systematic Theology* (Grand Rapids: Eerdmans, 1994), 233.

죄의 법이 항상 우리를 좌절하게 할 것이다(로마서 7장 23절).

자기중심적이고 자기 의존적인 순종은 항상 자만이나 절망으로 이어질 것이다. 우리는 우리만의 힘으로 하나님께 순종할 수 없기 때문에 우리가 행하는 것처럼 행하지 않는 사람들을 깔보거나 또는 낙담할 것이다. 자기 의존적인 순종은 자기중심적인 순종이기 때문에 하나님을 기쁘시게 하지 못할 것이다. 만약 우리가 자기중심적인 죄로 인해 움직인다면 어떻게 하나님께 순종하는 것을 기대할 수 있겠는가?

거룩을 추구하는 올바른 길

성경은 "육신에 있는 자들은 하나님을 기쁘시게 할 수 없느니라"(로마서 8장 8절)라는 것을 분명히 한다. 우리가 우리 자신만의 힘 안에서 하나님께 순종하려고 애쓰는 것이 아무리 힘들다 해도 우리는 우리 자신의 자기중심적인 동기들을 넘어설 수 없다.

성령 충만하라

거룩한 삶을 살기 위한 전제 조건은 우리의 육신을 죽이는 것이고 성령님으로 인해 그리스도께 속한 삶을 사는 것이다(로마서 8장 2절). 우리는 우리의 육신의 힘과 다짐으로 율법을 지킬 수 있다는 오만한 개념에 죽어야만 한다. 우리는 하나님의 사랑이 가득 차 있는 새로운 본성이 필요하다. 우리는 성령님의 능력으로 "거듭나야" 한다(요한복음 3장 7절). 우리는 우리의 옛 본성이 "그리스도와 함께 십자가에 못 박히는 것"(갈라디아서 2장 20절)과 "하나님의 사랑이 우리 마음에 부은 바 됨이니"(로마서 5장 5절)가 필요하다. 그리고 이는 초자연적인 도움을 요구한다. 하나님의 사랑이 우리 안에서 작용할 때만 우리는 하나님을 사랑하고 우리의 이웃들을 올바르게 사랑할 수 있다. 성령님께서 부어 주시는 새 본성이 있어야만 우리는 성령님의 열매를 맺을 수 있고 하나님을 기쁘시게 하기 위해 필요한 순수한 동인들을 가질 수 있다.

성화는 성도들을 거룩하게 만드는 과정이다. 이것은 우리가 수동적으로 "우리 의지는 내려놓고 하나님께서 하시게 하는" 오직 하나님만의 일도 아니고 "우리 자신 스스로의 힘으로 우리를 끌어 올리는" 인간 혼자만의 일도 아니다. 오히려 제리 브리지스가 설명하는 것 같이 "성화는 성도와 성령님께서 각자 맡겨진 일들을 행한다는 의미의 성령님과의 협력의 관계는 아니다. 오히려 우리는 성령님께서 우리에게 일하게 하시기에 일한다. 성령님의 일하심은 우리의 모든 일을 초월하여 있고 우리가 일할 수 있도록 만드신다."* 즉, 비록 우리가 일하지만 바로 하나님께서 우리 안에 일을 허용해 주신 것이다(빌립보서 2장 13절).

그래서 거룩은 오직 우리 안에서 활동하시는 하나님으로부터 나온다. 우리는 하늘로부터 하나님을 이기심 없이 사랑하도록 허락받아야만 한다. 그리고 우리가 하나님을 사랑할 때만 "그의 계명들은 무거운 것이 아니로다"(요한일서 5장 3절). 간략히 말하면 하나님을 사랑하기 위해서 우리는 반드시 성령님으로 인해 충만하고 사로잡혀 있어야 된다.

믿음

하지만 우리는 어떻게 성령님으로 충만할 수 있을까? 성령님으로 충만한 것은 어렵고 신비한 것처럼 들리지만 이것은 믿는 모든 사람들에게 약속된 일이다. 성령님에 의해 사로잡히는 것의 핵심은 하나님을 믿는 믿음을 갖는 것이다. 우리는 반드시 믿어야 한다.

---

* jerry Bridges, *Holiness Day by Day* (Colorado Springs, Colo. : NavPress, 2008), 221.

우리는 믿음으로 칭의 받았을 뿐만 아니라 믿음으로 성화 받았다. 믿음이 중요한 이유는 믿음이 우리를 하나님의 힘과 연합시키기 때문이다. "나를 떠나서는 너희가 아무것도 할 수 없음이라"라고 주님께서 말씀하셨다(요한복음 15장 5절). 만약 우리가 주님 안에 거한다면 주님께서 포도나무이신 것 같이 우리는 열매를 맺을 수 있을 것이다(요한복음 15장 4절). 마찬가지로 우리가 성령님으로 충만해질 때 성령님의 열매(갈라디아서 5장 22-23절)가 맺어진다. 그래서 우리가 믿음으로 하나님과 연합되어 있을 때만 우리는 그리스도인의 삶 안에서 열매를 맺을 수 있다.

믿음은 자기중심적이거나 자기 독립적이지 않기 때문에 믿음은 우리를 그리스도와 연합시킨다. 오히려 믿음은 하나님께 달려 있는데 이는 하나님께 순종할 수 있는 힘과 능력을 위해 하나님을 바라보아야 하는 것과 같다. 성경은 "믿음이 없이는 하나님을 기쁘시게 하지 못하나니"(히브리서 11장 6절)라고 말한다. 비록 우리가 우리 자신의 힘으로 하나님을 기쁘시게 할 수 없지만 우리는 우리 자신의 힘으로만 죄와 싸우도록 방치되지 않는다. 죄에 대한 승리는 믿는 우리 모두에게 약속되어 있다. 그러나 이것이 믿음의 핵심이다. 자신을 신뢰하는 것이 아니라 하나님을 의지하는 것이다. 믿음은 우리의 옛 본성과 이기적인 본성이 그리스도 안에서 패배하고 십자가에 못 박히는 현실에 서 있게 할 뿐만 아니라 우리가 하나님을 기쁘시게 하는 방식으로 걷게 할 수 있다. 우리는 하나님의 약속을 믿을 수 있을 뿐 그 이상 아무것도 할 수 없다.

민음은 하나님께서 존재하신다는 사실을 믿게 할 뿐만 아니라 하나님께서 "자기를 찾는 자들에게 상 주시는 이심을" 믿게 한다(히브리서 11장 6절). 믿음으로만 우리는 이 세상을 등지고 기꺼이 그리스도의 고통들과 비난들을 감수할 수 있다(히브리서 11장 26절). 믿음으로 우리는 볼 수 있는 것들보다 보이지 않는 것들이 더 영원하고 유익하다는 것을 본다(고린도후서 4장 18절).

민음으로 우리는 그리스도 예수 안에서 하나님의 사랑과 연합된다(에베소서 3장 17-19절). 그리고 그리스도를 믿는 믿음으로 인해 얻어지는 사랑으로만 우리는 하나님을 기쁘시게 할 수 있다. 그리고 이것이 믿음이 "세상을 이기는 승리"(요한일서 5장 4절)인 이유이다.

회개

민음으로 우리는 이 세상을 떠나 그리스도께로 달려간다. 변화는 회개로 시작한다고 말할 수 있기에 이것이 하나님께서 주신 **회개**가 거룩한 삶을 살기 위해 꼭 필요한 이유이다. 회개는 죄의 삶에서 떠나는 것뿐만 아니라 자기 신뢰와 자기 의로 부터 돌아서는 것을 포함한다(빌립보서 3장 4-7절). 회개는 하나 님 앞에 우리 자신들을 낮추는 것과 우리는 하나님께서 보시 기에 하나님을 기쁘시게 하는 것을 전혀 할 수 없다는 고백을 포함한다(로마서 8장 8절). 회개는 우리가 하나님의 은혜 없이 하나님께 순종할 수 없다는 것을 인정하고 있는 것이다.

그리스도인들에게 있어서 회개는 믿음과 같이 단 한 번 일 어나는 사건이 아니다. 존 칼빈에 따르면 "회개는 그리스도인 의 삶의 출발이 아니라 그리스도인의 삶이다."* 만약 우리가 죄를 억누르려면 우리는 반드시 하나님 앞에서 우리의 타락을 인정하는 것부터 시작해야 한다. 만약 우리가 "죄가 없다고" 생각한다면 "스스로 속이는 것"이다(요한일서 1장 8절). 거만의 모든 모양들을 행하는 교만은 우리를 그리스도를 신뢰하는 것 에서 완전히 돌아서도록 이끌어 간다.

하지만 죄에 대한 승리는 하나님 앞에서 우리의 죄들을 인 정하고 고백하는 것에서 시작한다. 만약 우리가 우리의 교만

---

* As quoted in Joel Beeke, "Calvin on Piety," in *The Cambridge Companion to John Calvin*, ed. Donald K. McKim (Cambridge: Cambridge University Press, 2004), 141.

이나 분노나 욕망이나 끊임없이 괴롭히는 다른 모든 죄와 싸우고 있다면 우리는 가장 먼저 하나님 앞에서 우리의 양심을 반드시 깨끗이 해야 하고 겸손히 그리스도께 도움을 구해야 한다. 하나님 앞에 우리 자신을 겸손히 하는 것은 항상 첫걸음이다.

더욱이 회개는 네 가지 것들을 포함한다. 첫째, 회개는 하나님 앞에서 우리의 죄들을 **고백**하는 것이다. 변화는 항상 여기서 시작한다. 우리는 주님 앞에서 결점을 죄로 인정하기 전까지는 그 어떤 결점도 극복할 수 없을 것이다. 고백은 우리의 죄, 그것이 무엇인지를 알아차리는 것이다. 그것은 하나님을 대적하는 것이다. 죄를 죄로 알아보는 것은 반드시 필요한 것이다. 우리는 거룩하시고 의로우신 하나님을 고의적으로 대적하는 죄를 짓고 있다는 것을 고백하기는 어렵기 때문에 우리의 죄를 하나의 실수나 하나의 약함으로 생각하기가 더 쉽다.

더욱이 옳고 그름을 구분하지 못할 때 유혹에 빠지기 더 쉽다. 우리의 생각들과 감정들과 행위들을 죄라고 인식하고 나서야 비로소 우리는 회개하기 시작하고 앞으로의 그러한 유혹을 뿌리칠 것이다.

그러나 이 첫걸음은 죄를 무엇이라고 부르는 것 그 이상이다. 이것은 우리가 죄를 고의적으로 저지른다는 것을 인정하는 것이다. 교만하고 자기가 의롭다고 생각하는 사람에게 있어서는 이를 인정하는 것은 불가능하다. 알코올 중독자는 자신이 알코올 중독자라고 공개적으로 고백하는 것보다 술 마시는 것을 즐긴다고 생각할 공산이 더 크다. 그렇지만, 우리가 우리의 죄들을 고백하길 거절하면 그 어떤 변화도 없다(잠언 28장 13절). 그렇기에 죄에 대한 고백은 회개의 첫걸음이다.

둘째, 회개는 우리의 죄들에 대한 **책임을 감당하고 있는** 것이다. 회개는 고백 그 이상이다. 회개는 또한 죄들이 자신의 것이라는 인정을 포함한다. 알코올 중독자들은 자신이 알코올에 중독되었다는 것을 인정하지만 이는 그들의 잘못이라고 생각하지는 않는다. 아마 그들은 술을 마시는 것이 술을 마시게 하는 그들의 문제들 때문이라고 생각할 것이다.

그러나 성경에 따르면 어떤 특별한 상황들이라 하더라도 죄를 정당화하지 못한다. 우리는 "나는 어쩔 수 없었다" 또는 "그것은 내 잘못이 아니었다"라고 말할 수 없다. 모든 변명은 자신의 잘못을 받아들이지 않는 것이다. 아담은 하와를 탓했다. 하와는 뱀을 탓했다. 우리는 우리의 배우자나 자녀들이나 우리의 상황들을 탓하곤 한다. 그러나 탓하는 것은 참 회개가 아니다.

예를 들어, 결혼 생활의 문제들은 남편과 아내가 자신들의 죄 된 행동에 대해서 끊임없이 서로를 탓하는 한 결코 완벽히 해결되지 않는다. 남편이나 아내가 당신에게 잘못을 저질렀을 때 화를 내기는 더 쉽지만 이것이 당신의 죄들에 대한 변명이 되지는 않는다. 우리는 거룩하지 않은 사람들에 의해 둘러싸여 있고, 거룩하지 않은 세상 안에 거룩하게 되라고 부름을 받았다.

거룩하게 되는 것은 결코 다른 사람의 행동에 달려 있지 않다. 우리는 다른 사람들이 우리를 고의로 괴롭힐 때에도 그들을 사랑하라고 부름을 받았다(잠언 19장 11절). 우리의 배우자를 향한 우리의 사랑은 그들이 우리를 사랑하는 것에 따라 달려 있지 않다. 그들이 우리를 고의적으로 부당하게 이용하고 있을 때에라도 우리는 그들에게 선하게 대해야만 하고, 더 많은 거리를 동행해야만 하고, 다른 뺨을 돌려야만 하며, 기도해 주어야 한다(마태복음 5장 43-44절). 그래서 우리가 순수한 삶을 살아가기 위해서 반드시 행해야 할 일은 무엇인가? 우리는 변명하는 것을 멈춰야만 하고 하나님 앞에서 그리고 우리가 고의적으로 죄를 범해 온 모든 사람들 앞에서 죄들을 자신의 것으로 인정해야만 한다.

셋째, 회개는 우리의 죄들에 대한 **진심 어린 죄책감을 드러내고 있는 것**이다. 슬픔 없는 회개는 아무것도 아니다. 몇몇 사람들은 자신들의 죄를 인정하고 심지어 죄책이 있다는 것을 인정한다. 그러나 단지 이러한 처음의 두 걸음들만으로는 충분한 회개가 아니다. 몇몇 사람들은 자신들이 죄책이 있다는 사실을 상관하지 않는다. 속도위반 딱지를 받은 많은 운전자들은 잡히지 않을 것이라고 생각했을 것이지만 몇 안 되는 운전자들만이 실제로 속도위반을 했다는 것에 죄책감을 느낀다. 그리고 이는 우리가 반드시 들킨 것에 대한 후회의 감정과 잘못한 행동을 행한 것에 대한 후회를 구별해야 하는 이유이다. 후회의 감정에 대한 이런 차이는 우리가 사랑과 이기심 사이에서 보는 차이와 같다.

예를 들어, 나는 부모님 모르게 학교를 땡땡이치고 친구들과 호수에 가려고 한 일을 기억한다. 과속으로 걸리기 전까지는 모든 일이 잘 진행되어 가고 있었다. 차를 몰고 집으로 가면서 나는 부모님의 실망과 따라올 결과들을 피할 수 없다는 것을 깨달았다. 내가 생각하기에 나의 잘못을 작게 만들 최고의 방법은 부모님을 보자마자 모든 일들을 말하는 것이었다.

그리고 이것이 잘 먹히는 듯했다. 부모님께서는 속도위반 딱지를 지불해 주실 만큼 내 말을 이해해 주셨다. 하지만 나의 회개는 참 회개가 아니었다. 나는 속도위반이나 학교를 빼먹은 것에 대한 큰 후회함이 없었다. 나는 단지 걸렸다는 것에 속상했을 뿐이었다. 비록 감정적인 느낌이 있었다 해도 나의 회개는 나의 행동의 결과들을 피하기 위한 이기심으로 인해 일어난 것이었다.

반면에 진짜 뉘우치는 것은 이기심으로 인한 것이 아니라 다른 것들에 대한 염려에서 흘러나오는 것이다. 뉘우침은 우리가 상처를 입힌 사람들에게 잘못되게 영향을 미친 상처와 고통에 대해 나쁜 것으로 느끼는 것이다. 회개와 뉘우치는 마음은 그 일들을 바로잡기를 원하지 않을 수 없다. 이것이 결과들을 감당한다는 의미라 할지라도 말이다.

넷째, 회개는 우리의 죄들에서 **멀리 돌아서 서 있는 것**이다 (사도행전 3장 19절). 회개의 마음은 변화이다. 만약 우리가 우리의 죄들을 포기하려 하지 않는다면 우리는 우리의 죄에 대해서 슬퍼하지 않는 것이다. 우리가 죄를 범하는 짓들을 사랑하는 동안에는 그것들에 대해 슬퍼하는 것이 아니다. 이것이 구원은 그들이 크게 부족함을 깨닫고 그 죄들로부터 구원 받기를 원하는 사람들만을 위한 것인 이유이다.

그리스도인들은 죄로부터 자유롭게 된 것을 결코 자랑할 수 없기 때문에 회개와 죄와의 전쟁은 반드시 계속된다. 다시 말해서 죄로부터 돌아서는 것은 한 번의 사건이 아니다. 비록 믿는 우리가 죄의 지배로부터 건짐을 받았지만 우리는 마음대로 우리 안에 있는 죄와의 전투에서 후퇴할 자유가 없다.

억제

결론적으로 만약 우리가 거룩한 삶을 살기를 원한다면 우리는 반드시 우리의 죄들을 회개할 뿐만 아니라 우리는 반드시 육신의 욕망들을 **억제해야**("죽여야") 한다(로마서 8장 13절). 우리의 죄 된 바람들을 억제하는 것은 죄 된 생각이 우리를 무자비하게 살해하기 전에 모든 죄 된 생각을 무자비하게 살해하는 것을 뜻한다. 이와 같이 존 오웬이 경고했다. "죄를 죽여라 그렇지 않으면 죄가 너를 죽일 것이다."* 현실적으로 말하면 억제는 유혹을 잘라냄으로써 유혹을 억제하는 것으로 이루어진다. 만약 우리의 손이 우리를 길에서 벗어나게 이끌어 가면 우리는 손을 잘라내야 할 것이다. 그리스도에 의하면 만약 우리의 눈이 우리를 범죄를 저지르게 한다면 우리는 눈을 뽑아 버려야만 한다(마태복음 18장 8-9절). 만약 온전한 몸으로 지옥에 가는 것보다 절름발이로 천국에 들어가는 것이 더 낫다면, 인터넷과 스마트폰과 같은 것들이 우리를 계속해서 죄로 이끌어 간다고 할 때 우리는 그것들을 얼마나 멀리해야 하겠는가?

우리가 그리스도와 함께 걸어가지 못하게 하는 모든 것들은

---

*   Owen, *Mortification of Sin*, in Works, 6:9.

우리의 삶에서 제거될 필요가 있다(히브리서 12장 1절). 지혜로운 사람은 창녀의 집 근처에 가는 것도 피한다고 언급된다(잠언 5장 8절). 그리고 만약 우리가 지혜자의 모범을 따른다면 우리는 불필요한 유혹을 피하기 위해 마땅히 더 돌아가야 할 것이다.

유혹을 이기는 것은 단순하게 우리의 삶에서 특정한 죄 된 행위들을 제거하는 것으로 얻어지지 않는다. 이는 이러한 죄 된 행위들을 영적인 행위들로 바꾸는 것을 포함한다. 스마트폰의 여러 사진들을 보는 것보다 우리는 우리의 마음의 눈으로 그리스도를 바라보아야 마땅하다. 우리는 텔레비전을 보는 것에서 비롯되는 유혹을 성경을 읽고 기억하는 것으로 대신할 수 있다. 보통 우리를 유혹으로 이끌어 가는 행위들이라고 알고 행하기보다 우리는 그 시간을 주님께 기도하고 주님을 찾는 시간으로 보낼 수 있다. 우리는 하나님을 잊게 두는 모든 죄를 우리의 이성과 마음이 하나님께로 향하게 하는 행위로 반드시 대신해야 한다.

영적인 행위들

만약 우리가 성령님으로 인해 우리의 육신의 욕망들을 회개하고 억제하는 능력을 받은 것이 믿음으로 인한 것이라면 우리는 어떻게 믿음을 성장시킬 수 있는가? 성경은 "믿음은 들음에서 나며 들음은 그리스도의 말씀으로 말미암았느니라"(로마서 10장 17절)라고 말하는 것으로 우리에게 답을 준다. 이것이 중요한 것은 우리는 거룩의 핵심은 믿음이고 믿음의 핵심은 하나님의 말씀이라는 사실을 배우기 때문이다. 우리는 반드시 은혜와 지식 안에서 성장해야 한다. 우리는 "이 세대를 본받지 말고 오직 마음을 새롭게 함으로 변화를 받아"야 한다(로마서 12장 2절).

하나님께서는 성령님의 능력으로 "진리를 믿음"(데살로니가후서 2장 13절)을 통해서 우리를 거룩하게 하시기 위해 선택하셨다. 그리고 이것이 예수님께서 우리가 진리로 거룩하게 되길 기도하신 이유이다(요한복음 17장 17절). 이것은 우리의 지성과 마음을 하늘의 것들에 끊임없이 맞춰야 한다는 것을 뜻한다(골로새서 3장 1-2절).

우리가 믿음으로 그리스도를 바라볼 때 우리는 변화되어 그리스도의 모습이 되어야 한다(고린도후서 3장 18절). 우리가 그리스도의 영광을 볼 때 우리는 그분을 사랑할 수밖에 없다. 그리고 헨리 스쿠걸은 "우리는 우리가 사랑하는 것이 된다"*라

---

*   Scougal, *Life of God in the Soul of Man*, 46.

는 사실을 상기시킨다. 크게 존경하는 마음을 품고 우리는 그분의 겸손과 인내와 사랑을 본받아 따르려고 해야 할 것이다. 더욱이 우리의 지성이 그리스도의 영광과 탁월함을 한번 보게 되면 세상 사람들을 어리석게 사로잡고 유혹하는 이 세상에 속한 모든 것들을 꽉 잡고 있는 힘이 풀어지기 시작할 것이다. 우리가 우리를 위해 죽으신 그분의 거룩한 옷을 보면 우리는 이 세상의 더러운 누더기를 경멸하게 될 것이다.

사흘이 멀다 하고 하나님께 속해 있는 것들을 향해 차가워져 가기 때문에 우리는 육신 안에서 행하고 있는 자신들을 발견한다. 우리의 마음은 이 세상의 관심들과 염려들로 인해 쉽게 점령당한다. 우리가 우리의 마음에서 그리스도를 지워 버릴 때 하나님을 향한 열정은 빨리 식을 수 있다. 그리고 우리의 지성이 그리스도께 고정되어 있지 않을 때 우리의 믿음은 실패하고 우리가 육신에 의해 통제를 받게 되기 쉽다.

성경 묵상

그러므로 성경을 읽고, 설교를 듣고, 하나님의 약속들을 묵상하는 것은 은혜가 성장하고 주님을 아는 지식이 자라는 것에 있어서 아주 중요한 요소들이다. 만약 우리의 지성들이 지속적으로 위로 잡아 당겨지지 않으면 이 세상이 계속해서 마음을 혼란스럽게 하여 바닥으로 잡아 끌어내려지게 될 것이다. 하지만 육신의 생각을 치료하는 것은 간단하다. 계속 하나님의 말씀을 듣는 것이다.

우리의 마음들에 하나님의 말씀을 둠으로 우리는 죄를 이길 수 있을 것이다(시편 119편 11절). 성경을 묵상하고 우리 마음으로 영적인 찬양들을 계속해서 부르는 것으로 우리는 이 세상의 것들의 지배에서 차츰 벗어나게 될 것이다. 시험과 유혹들이 닥칠 때 성경 말씀들을 기억하는 것으로 우리는 하나님의 약속들에 향해 있을 수 있다. 간단히 말해, 만약 우리에게서 그리스도의 사랑이 계속해서 흘러나오길 원한다면 성경은 반드시 계속해서 우리에게 들어와야 한다.

기도

더욱이 유혹이 닥칠 때 우리는 즉시 하나님께 도움을 큰 소리로 간구해야만 한다. 기도는 우리가 우리 자신을 의지하고 있지 않다는 증거이기 때문이다. 하나님께서는 우리가 구하기 전에 우리의 필요를 아시지만 우리가 하나님께 받지 못하는 이유는 하나님께 구하지 않기 때문이다(야고보서 4장 3절). 자신에 대한 과한 신뢰는 하나님께 우리를 도우시도록 간절히 구하지 못하게 한다. 하지만 우리가 하나님을 간절히 필요로 하지 않는 때는 단 한 순간도 없기 때문에 하나님께 기도 드릴 필요가 없는 때란 없다. 멈춤 없는 기도는 그리스도 안에 있다는 증거이다(데살로니가전서 5장 17절).

결론

우리는 선한 존재가 되길 바라는 마음을 가지고 태어났지만 우리는 지금 하나님을 기쁘시게 할 수 없다. 우리의 문제는 우리의 동기에 있다. 하나님의 은혜 없이 하나님을 우리 자신보다 사랑하는 것이 불가능하기 때문에 우리의 최고의 노력들조차도 하나님의 영광에 미치지 못한다. 우리가 우리의 죄들을 회개하고 믿음 안에서 그리스도를 바라보기 전까지는 여전히 죄의 노예이다. 하나님을 믿는 믿음으로 우리는 다시 태어날 뿐만 아니라 성령님으로 인해 하나님 앞에서 받아들여지는 삶을 살 수 있는 능력을 받는다. 거룩의 핵심은 기도와 성경 묵상으로 우리의 마음을 끊임없이 새롭게 함을 통하여 믿음으로 성령님 안에서 걸어가는 것이다.

9

생명을 추구하는 삶

우리는 살기 위해 태어났다! 이 말은 살고 싶은 본능이 우리 모두 안에 있다는 것이다. 그러나 우리가 바라는 삶은 단지 존재하는 것 그 이상이다. 우리는 억지로 생명만을 유지하는 것 그 이상의 것을 본능적으로 바란다. 누가 혼수상태인 채로 영원히 살길 바라겠는가? 누가 병원 침상에 기한 없이 갇혀 있길 원하겠는가? 누가 되돌릴 수 없는 뇌 손상을 바라겠는가? 그렇다. 우리는 살아가길 원하지만 우리가 원하는 삶은 영광의 삶, 행복한 삶, 목적이 있는 삶, 자유로운 삶, 교제가 있는 사람, 진리를 추구하는 삶, 화평한 삶, 거룩한 삶이다.

우리가 추구하는 삶은 생명의 의미를 아주 무의미하게 만들려 하는 생물학자에 의해 규정된 **생명**의 정의 그 이상이다. 어떤 이들은 동물들과 식물들의 무생물과의 차이, 예를 들어 성장하고 번식하고 기능적인 활동을 하고 변화하는 능력을 관찰하는 것으로 생명을 정의한다. 다른 이들은 **생명**을 "생명이 있고 기능적인 존재를 죽은 사체와 구별하는 특성"*으로 정의한다.

하지만 하나님께서 말씀하신 **생명**은 의식이 없는 식물의 생명으로 그리고 의식이 있는 동물들의 생명으로 존재하게 하는

---

* Merriam-Webster Online, s.v. "life," accessed April 26, 2017, https://www.merriamwebster. com/dictionary.

특징들 그 이상의 것으로 구성된다. 성경에 따르면 생명은 생명의 저자, 생명을 주신 분, 생명을 유지하시는 분이신 하나님을 이해하는 것으로만 이해될 수 있다. 이는 가장 참된 의미에서 하나님께서는 "생명"이시기 때문이다(요한복음 1장 4절, 사도행전 17장 25절).

그래서 성경에 따르면 생명은 하나님과의 연합을 통해서만 온다. 더 정확히 말하면 생명은 하나님과의 깨지지 않는 언약관계에 있다. 동물들과 식물들은 그것들이 살고 움직이는 것과 같은 생명의 모양을 가지고 하나님 안에서 그들의 존재를 가진다. 그러나 사람만이 생명의 저자, 바로 그분과 언약관계를 누리기 위해서 창조되었다.

태초에 하나님께서 자신의 생명의 숨을 사람에게 불어 넣어 주셨을 때 사람은 살아있는 영혼이 되었다(창세기 2장 7절). 하나님과의 언약관계로부터 오는 영광과 행복과 목적과 자유와 사귐과 진리와 화평과 거룩은 사람이 의로웠을 때만 지속하였다. 사람이 선악을 알게 하는 나무의 열매를 먹지 말라는 명령에 분명히 드러나 있는 언약의 조건에 순종하였다면(창세기 2장 17절) 사람은 하나님 앞에 살아있었을 것이다.

하나님과 사람의 언약관계가 깨졌기 때문에 죽음이 들어왔다. 그러므로 죽음은 하나님과의 단절로 이해되어야만 한다. 다른 말로 죽음은 존재의 부재가 아니라 하나님과의 인격적인 관계의 부재이다.

사람은 하나님을 즐거워하고 아버지와 아들과 성령님께서 서로 사랑하시는 그 사랑에 참여하기 위해 창조되었다. 인격적인 행복은 이 영광스러운 관계성에 참여하는 것으로 인해서만 발견된다. 그러나 하나님의 생명으로부터 끊어지고 단절되는 것은 죄의 결과이자 형벌이다. 비참과 무의미와 속박과 죄책과 불의와 부끄러움은 이런 깨지고 적대적인 관계의 결과이다.

더욱이 죽음 그리고 하나님으로부터의 분리는 세 가지 단계들로 발생한다. 그렇지만 모든 단계들은 아담이 죄를 지은 그날로부터 시작되었다(창세기 2장 17절). 첫 단계는 **영적인 죽음**이다. 이 죽음은 사람이 하나님을 향해 적대적이 된 때이다. 두 번째 단계는 **육신의 죽음**이다. 이 죽음은 하나님과의 화해의 소망으로부터 단절된 때이다. 세 번째 단계는 **영원한 죽음**이다. 이 죽음은 사람이 하나님의 진노의 불에 던져지는 때이다. 그곳은 하나님의 임재로부터 완전히 단절되고 행복과 의미와 자유와 진리와 영광의 모든 흔적이 완전히 제거된 곳이다.

비록 죄가 우리의 마음을 하나님으로부터 아주 멀리 떨어뜨려 놓았지만 죄는 오직 하나님과의 관계에서만 나오는 행복과 목적과 자유와 교제와 진리와 화평과 거룩과 영광을 향한 우리의 깊은 갈망을 없애지는 못했다. 우리는 하나님이 없는 천국을 바라는 것이겠지만 하나님이 없다면 그 어느 곳도 천국이 아니다. 요약하자면 영광과 행복과 목적과 자유와 사귐과 진리와 화평과 거룩을 얻기 위해서 우리는 반드시 생명을 얻어야 한다. 그렇다면 생명을 얻기 위해서 우리는 반드시 하나님을 찾아야 한다.

그리스도께서는 우리의 생명이시다

생명을 추구한다는 것은 우리가 하나님과의 화해가 필요하다는 것을 뜻한다. 그러나 하나님과 화해하는 유일한 방법은 그리스도를 믿는 믿음을 통하는 것이다. 그리스도께서는 "내가 곧 길이요 진리요 생명이니 나로 말미암지 않고는 아버지께로 올 자가 없느니라"(요한복음 14장 6절)라고 말씀하신다. 예수님께서는 다른 곳에서도 "아들을 믿는 자에게는 영생이 있고 아들에게 순종하지 아니하는 자는 영생을 보지 못하고 도리어 하나님의 진노가 그 위에 머물러 있느니라"(요한복음 3장 36절)라고 말씀하신다.

이것은 생명을 얻기 위해 그리스도와의 인격적 관계를 맺는 것과 하나님과 관계를 맺는 것이 우리에게 있어서 아주 중요한 이유이다. "영생은 곧 유일하신 참 하나님과 그가 보내신 자 예수 그리스도를 아는 것이니이다"(요한복음 17장 3절). 성경은 또 다른 곳에서 "또 증거는 이것이니 하나님이 우리에게 영생을 주신 것과 이 생명이 그의 아들 안에 있는 그것이니라 아들이 있는 자에게는 생명이 있고 하나님의 아들이 없는 자에게는 생명이 없느니라"(요한일서 5장 11-12절)라고 언급한다.

더욱이 그리스도께서는 풍성한 생명을 주신다(요한복음 10장 10절). 우리를 아버지와의 사랑의 관계로 이끌어 가시는 것으로 우리는 영원한 생명을 얻을 뿐만 아니라 기쁨과 화평과 목적의 생명도 얻는다. 믿는 우리 안에 살아계신 그리스도의 생명이기 때문에(갈라디아서 2장 20절) 이것은 풍성한 생명이다. 그리고 우리 안에 있는 그리스도의 생명은 마치 우리의 끊임없는 목마름을 해소하는 영원한 강물과 같다(요한복음 4장 14절).

그리스도께서는 우리의 기쁨이시다

우리는 그리스도의 생명을 받아들이는 것으로 그리스도의 기쁨을 받아들인다. 즉, 주님의 기쁨이 우리의 기쁨이 된다(요한복음 15장 11절). 이것은 어떤 기쁨인가? 이것은 "믿고 말할 수 없는 영광스러운 즐거움으로 기뻐하니"(베드로전서 1장 8절)이다. 이것은 그리스도를 지금껏 살았던 그 누구보다도 가장 행복한 사람으로 만든 기쁨이다(히브리서 1장 9절).

사실 그리스도께서는 그분의 기쁨을 잃어버린 적이 없으셨다. 비록 그리스도께서는 "슬픔의 사람"(이사야 53장 3절)이셨지만 자신의 깊은 고통을 기뻐할 수 있었다. 비록 그리스도께서 어려운 일들을 당면하고 겪기 위해 부름을 받으셨지만 이러한 일들을 겪으시면서 하나님께 순종하는 것에서 항상 기쁨을 발견하셨다(요한복음 4장 34절). 모든 것들 가운데 가장 어려운 사역, 즉 십자가에 달려 죽으시는 일은 "그 앞에 있는 기쁨을 위하여"(히브리서 12장 2절) 감당하게 되셨다. 그리스도께서는 자신의 아버지를 언제나 즐거워하셨기 때문에 기쁨이 가득하였다. 그리스도께서는 하나님께서 임재하신 그 곳에 "충만한 기쁨이 있다"(시편 16편 11절)라는 사실을 이해하셨다. 그리스도의 마음이 하나님께 아주 단단히 고정되어 있으며 그리스도께서는 다른 어떤 사람보다 더 즐거움의 기름부음을 받으셨다(시편 45편 7절). 오, 모든 상황을 즐거워할 수 있는 것이 얼마나 큰 복인가(빌립보서 4장 4절, 데살로니가전서 5장 16절)!

우리로 하여금 기뻐하지 못하게 하는 것은 시련들이나 고난들이 아니다. 죄가 죄의 그 본질로 우리를 비참하게 만든다. 죄는 우리를 하나님과 분리시키기 때문에 우리로 하여금 하나님을 신뢰하지 못하게 만든다. 죄는 우리를 목마르게 만들고 우리의 영혼에 불만족을 가져다준다. 비록 죄가 우리에게 끊임없이 행복을 약속할지라도 죄는 우리의 인생에 불만족만 쌓이게 할 뿐이다. 죄에 관련한 문제는 우리의 육신의 채울 수 없는 욕구들을 크게 할 뿐만 아니라 우리의 마음을 주님, 생명과 행복의 유일하시고 참 근원이신 주님으로부터 멀리 떨어뜨린다. 그래서 죄는 항상 비참과 죽음에 맞닿아 있다.

우리가 주님의 기쁨에 들어가기 위해서 반드시 해야 할 일은 무엇인가? 우리는 반드시 그리스도의 임재로 되돌아가야 한다. 우리는 우리의 눈을 이 세상의 것들로부터 돌려야 하고 완전한 사랑이신 그분께 눈을 떼지 말아야 한다. 우리가 그리스도로 만족할 때 우리는 완전히 만족할 것이다.

그리스도께서는 우리의 전부이시다

그리스도께서는 우리를 만족뿐만 아니라 영광, 행복, 목적, 자유, 사귐, 진리, 화평, 거룩으로 이끌어 가신다. 그 까닭은 그리스도께서 우리를 모든 것들의 근원, 하나님께 이끌어 가시기 때문이다. 우리는 그리스도 안에서 충만하다(골로새서 2장 10절).

그리스도 때문에 우리는 살아갈 뿐만 아니라 살아갈 이유를 가진다(빌립보서 1장 21절). 그리스도 안에서 우리는 참된 교제를 얻게 된다. "어떤 친구는 형제보다 친밀하니라"(잠언 18장 24절). 우리에게는 자신의 생명을 우리를 위해 내어놓으셨을 뿐만 아니라 하나님 앞에서 우리를 위해 개인적으로 중재하시기 위해서 가장 높은 자리로 올라가신 친구가 주어져 왔다.

진리와 화평과 거룩이 그리스도 예수님 안에서 우리에게 주어져 왔다. 그리스도께서는 하나님이시다. 그리스도께서는 우리의 구원자이시다. 그리스도께서는 우리의 주님이시다. 그리스도께서는 우리의 소망이시다. 그리스도께서는 우리의 의로움이시다. 그리스도께서는 우리의 화평이시다. 그리스도께서는 우리의 영광이시다. 그리스도께서는 우주의 중심이시고 우리의 인생의 중심이시다. 그리스도께서는 우리의 생명이시다. 그리스도께서는 우리의 전부이시다.

결론

우리는 어떤 것을 추구하고 있다. 우리는 그것을 추구하는 것 말고 아무것도 할 수 없다. 지칠지라도 우리는 찾는 것을 멈출 수 없다. 하나님께서는 우리가 어떤 것을 필요로 하도록 우리를 창조하셨다. 이를테면 목적과 행복과 자유이다. 하지만 우리는 이러한 것들 없이 태어났기 때문에 우리는 그것들을 추구하는 상태로 태어난다. 그러나 우리는 또한 눈이 먼 상태로 태어난다. 죄로 인해서 그리고 우리의 육신의 욕구들로 인해 눈이 먼 것이다. 보이지 않는 그리스도의 아름다움과 영광에 눈이 먼 상태로 태어났기 때문에 태어날 때부터 우리의 마음들은 이 세상의 감각적이고 일시적인 욕구들에 고정되어 있다. 우리는 우리가 우리의 육신의 욕구들을 만족시킨다면 우리의 마음의 깊은 욕구들을 만족시킬 수 있을 것이라고 생각하는 착각 속에서 태어난다. 그러나 우리의 육신의 욕구들이 더욱더 채워지지 않게 되는 것처럼 우리의 마음의 깊은 욕구들은 끊임없이 만족하지 못한 상태로 남는다.

우리는 이러한 정욕들을 가진 이 세상이 지나간다는 사실을 안다(요한일서 2장 17절). 그렇다. 우리는 영원한 영광과 행복과 목적과 자유와 사귐과 진리와 화평과 거룩과 생명을 필요로 하지만 이러한 깊은 곳에 자리 잡은 욕구들은 영광의 주님을 아는 것으로만 채워진다. 마지막으로 우리가 찾는 **순수한** 영광은 주 예수 그리스도이시다.

1. 영광을 추구하는 삶

1. 이 땅의 영광과 하늘의 영광 사이의 가장 중요한 차이들은 무엇인가?

2. 왜 영광이라는 단어를 설명하면서 무게의 개념을 썼는가?

3. 성경은 왜 영광이라는 단어를 허영이라는 단어와 대조시키는가?

4. 죽음을 생각하는 것은 우리가 이 세상을 바라보는 방식에 어떤 영향을 주는가?

5. 우리는 어디에서 영광을 찾을 수 있는가?

2. 행복을 추구하는 삶

1. 당신은 행복을 어떻게 정의 내리는가?

2. 왜 우리 안에는 행복이 없는가?

3. 왜 물질주의 안에는 행복이 없는가?

4. 왜 육체적 즐거움에는 행복이 없는가?

5. 왜 행복은 하나님 안에만 있는가?

3. 목적을 추구하는 삶

1. 왜 일하는 것이 중요한가?

2. 왜 우리는 우리가 소유한 것들 안에서 목적을 추구하기 쉬운가?

3. 왜 우리 자신을 영광스럽게 하는 목적을 추구하는 것이 헛된 일 인가?

4. 왜 우리의 목적은 하나님을 영광스럽게 하는 것 안에서만 발견 되는가?

4. 자유를 추구하는 삶

1. 왜 무법과 죄는 노예의 자리로 이끌어 가는가?

2. 왜 우리의 감정들을 다스리는 것이 중요한가?

3. 왜 율법은 우리에게 감정의 자유를 줄 수 없는가?

4. 왜 자유는 그리스도 안에만 있는가?

5. 사귐을 추구하는 삶

1. 왜 이기적인 것이 관계들의 적인가?

2. 사랑과 욕망의 가장 중요한 차이는 무엇인가?

3. 관계에 있어서 왜 사랑이 중요한가?

4. 왜 그리스도 안에만 사랑이 있는가?

6. 진리를 추구하는 삶

1. 왜 우리는 진리를 사랑하거나 미워하는가?

2. 왜 진리는 우리에게 중요한가?

3. 왜 우리는 진리를 억누르려고 하는가?

4. 어떻게 그리스도 안에서 진리를 발견할 수 있는가?

7. 화평을 추구하는 삶

1. 왜 우리는 화평을 갈망하고 필요로 하는가?

2. 불화의 원인은 무엇인가?

3. 우리의 양심을 깨끗하게 하기 위해 시도된 몇몇 잘못된 방식들은 무엇인가?

4. 왜 그리스도께서는 평화의 왕이신가?

5. 어떻게 평화를 그리스도 안에서 찾을 수 있는가?

8. 거룩을 추구하는 삶

1. 왜 모든 사람들이 선을 추구하는가?

2. 왜 죄가 보편적인 문제인가?

3. 왜 우리의 마음의 동인들이 그렇게 중요한가?

4. 믿는 사람들 입장에서 거룩으로 이끄는 가장 중요한 영적인 것
   들은 무엇인가?

5. 어떻게 그리스도 안에서만 거룩을 찾을 수 있는가?

9. 생명을 추구하는 삶

1. 생명의 의미는 무엇인가?

2. 왜 생명은 하나님과의 관계와 연결되어 있는가?

3. 왜 죄는 죽음과 맞닿아 있는가?

4. 왜 생명은 그리스도 안에만 있는가?

영광 추구

Copyright ⓒ 제5열람실 2021

1쇄 발행 2021년 12월 13일

지은이 제프리 존슨
옮긴이 김홍범
편집 고운석, 정아라
디자인 박인미

펴낸이 정아라
펴낸곳 제5열람실
홈페이지 www.facebook.com/the5threadingroom
출판등록 2016년 11월 1일
주소 대전광역시 유성구 반석서로 71번길 7, 3층 302호
전화 042-825-1405
팩스 042-825-1403

ISBN 979-11-963679-8-5 03230

책값은 뒤표지에 있습니다.